3일 벼락치기
직무적성검사 시리즈는?

스펙 쌓기 경쟁은 과열되고 취업의 벽은 점점 높아지는데…

직무적성검 … ㅏ시죠?

그래서 ㅅ …

직무적성 …

태블릿 PC나 좀 큰 스마트폰과 유사한 그립감을 주는

작은 크기와 **얇은 두께**로 휴대성을 살렸지만

꽉 찬 구성으로, **효율성은 UP↑ 공부 시간은 DOWN↓**

3일의 투자로 최고의 결과를 노리는

3일 벼락치기 직무적성검사 9권 시리즈

직무적성검사

3일 벼락치기

타임 적성검사연구소

두산 DCAT 이공계

3일 벼락치기

두산 DCAT 인공계

인쇄일 2024년 7월 1일 2판 2쇄 인쇄
발행일 2024년 7월 5일 2판 2쇄 발행
등 록 제17-269호
판 권 시스컴2024

ISBN 979-11-6215-514-1 13320
정 가 10,000원

발행처 시스컴 출판사
발행인 송인식
지은이 타임 적성검사연구소

주소 서울시 금천구 가산디지털1로 225, 514호(가산포휴) | 홈페이지 www.siscom.co.kr
E-mail siscombooks@naver.com | 전화 02)866-9311 | Fax 02)866-9312

발간 이후 발견된 정오 사항은 홈페이지 도서 정오표에서 알려드립니다(나두공 홈페이지→자격증→도서 정오표).

취업과정에 적성검사가 도입된 지도 제법 많은 시간이 흘렀습니다. 그 동안 적성검사에도 많은 부침이 있어서, 일부 기업은 폐지하기도 하고 일부 기업은 유형을 변경하기도 하였습니다. 쟁쟁한 대기업들이 적성검사 유형을 대폭 변경하면서 다른 기업들에도 그 여파가 미칠 것으로 여겨지고 있습니다.

적성검사는 창의력 · 상황대처능력 · 문제해결능력 등 업무수행에 필요한 능력을 측정하기 위해 실시되며, 기업별 인재상에 따라 여러 유형으로 치러집니다. 여기에 일부 기업들이 주기적으로 문제유형을 변경함으로써 수험생들의 혼란을 가중시키고 있습니다.

본서에서는 각 기업에서 공식적으로 발표한 문제유형을 기반으로 삼았으며, 실제로 적성검사를 치른 응시생들의 후기를 충실히 반영하여 올해 치러질 실제 적성검사에 가장 근접한 문제를 제공하고자 하였습니다.

본서가 취업준비생들의 성공적인 취업에 조금이나마 보탬이 되었으면 하는 바입니다.

타임 적성검사연구소

DAY	PART	CHECK BOX		TIME
		complete	incomplete	
1DAY	언어논리	☺	☹	시간 분
2DAY	수리자료분석	☺	☹	시간 분
3DAY	공간추리	☺	☹	시간 분

1DAY

언어논리

업무 시 가장 필요로 하는 능력은 커뮤니케이션 능력이므로 지원자들의 다양한 언어활용력을 기초로 한 언어논리력과 사고력을 평가하기 위한 영역이다. 대표적으로는 지문의 논증구조를 찾는 문제, 개요작성에 필요한 논거를 찾는 문제, 문장을 배열하는 문제, 지문이 긴 독해 문제 등이 출제되고 있다.

2DAY

수리자료분석

수리영역은 크게 두 가지 문제유형으로 분류할 수 있는데, 첫 번째는 해마다 다르게 출제되는 알고리즘이나 수추리, 응용계산 중 한 유형이다. 나머지 한 유형은 특정 도표나 그래프 등의 자료를 분석하고 해석하여 결과를 도출하게 하는 유형이다. 따라서 다양한 자료를 접해보면서 논리성을 가지고 문제를 많이 풀어보는 것이 중요하다. 즉, 어떤 유형이 출제될지 알 수 없으므로 다양한 유형에 대비해야 한다.

3DAY

공간추리

지원자들의 공간지각력, 추리력, 사고력 등을 종합적으로 평가하기 위한 영역으로, 해마다 다른 유형이 출제되고 있다. 큐브나 원판회전 유형의 문제가 출제되었으며 이 외에도 전개도문제, 물통회전문제 등이 출제되기도 했다. 이 영역은 타 기업에 비해서도 난이도가 상당히 높으므로 많은 연습을 필요로 한다.

구성과 특징

기출유형분석

주요 기출문제의 유형을 분석하여 이에 가장 가까운 문제를 상세한 해설과 함께 수록하였다.

1. 언어추리

기출유형분석　　문제풀이 시간 : 40초

▶ 다음 문장을 읽고 그 내용에 가장 부합하는 것을 고르시오.

어린이를 좋아하는 사람은 새를 좋아한다.
산을 좋아하는 사람은 나무를 좋아하며 꽃을 좋아한다.
꽃을 좋아하는 사람은 어린이를 좋아한다.
그러므로 ______________

① 나무를 좋아하는 사람은 산을 좋아한다.
② 꽃을 좋아하는 사람은 나비를 좋아한다.
③ 어린이를 좋아하는 사람은 꽃을 좋아한다.
④ 꽃을 좋아하는 사람은 새를 좋아한다.
⑤ 새를 좋아하는 사람은 어린이를 좋아한다.

문제풀이 시간 표시

각 문제유형에 따라 총 문항 수와 총 문제풀이 시간, 문항당 문제풀이 시간을 제시하였다.

음에 대한 알맞은 답을 고르시오.

총 문항 수 : 12문항 | 총 문제풀이 시간 : 6분 | 문항당 문제풀이 시간 : 30초

친 부분에 들어갈 문장으로 알맞은 것을 고르면?

어지면 내일 비가 올 것이다.
으면 별똥별이 떨어진다.

중요문제 표시

기출유형에 근접한 문제마다 표시하여 중요문제를 쉽게 파악할 수 있게 하였다.

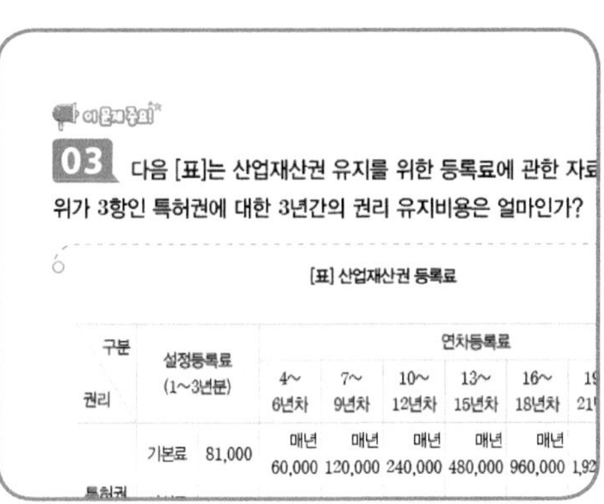

이 문제 중요!

03 다음 [표]는 산업재산권 유지를 위한 등록료에 관한 자료
위가 3항인 특허권에 대한 3년간의 권리 유지비용은 얼마인가?

[표] 산업재산권 등록료

구분 / 권리	설정등록료 (1~3년분)		연차등록료					
			4~ 6년차	7~ 9년차	10~ 12년차	13~ 15년차	16~ 18년차	19 21
특허권	기본료	81,000	매년 60,000	매년 120,000	매년 240,000	매년 480,000	매년 960,000	1,92

타임테이블 & 채점결과

각 문제유형을 모두 풀었을 때 걸리는 시간 및 채점결과를 수험생 스스로 점검할 수 있도록 하였다.

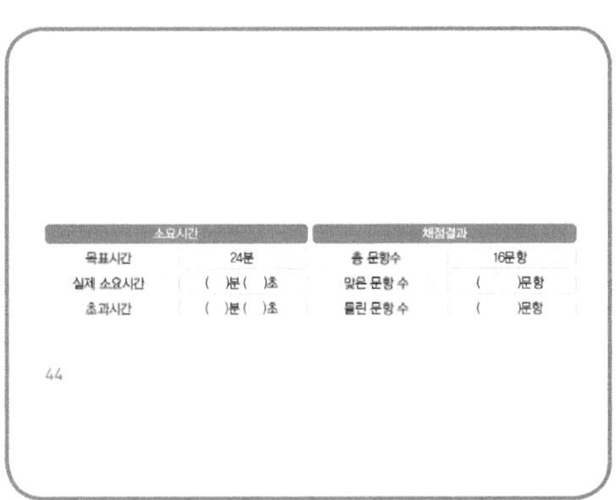

소요시간		채점결과	
목표시간	24분	총 문항수	16문항
실제 소요시간	( )분 ( )초	맞은 문항 수	( )문항
초과시간	( )분 ( )초	틀린 문항 수	( )문항

44

언어논리

수리자료분석

3 day

공간추리

1 회사 소개

1. 변화(Living for Change)

120년의 두산, 그 중심엔 언제나 '변화'가 있습니다. 두산 그룹은 90년대 후반 성공적인 구조조정과정을 거치면서 사업의 건전성을 확보하였으며, 새로운 21세기를 맞아 지속 성장이 가능한 사업구조로의 재편을 진행했습니다. 두산은 앞으로도 경영환경에 따른 능동적인 변화를 이끌어 향후 100년을 주도하는 대한민국의 대표브랜드로 거듭날 것입니다.

2. 성장(Growing for Change)

두산은 최근 10여 년간의 빠른 변화를 통해 놀라운 성장을 일구어 내고 있습니다. 두산의 이러한 빠른 변화와 성장은 최근 글로벌 M&A의 성공적인 정착과 사업간 Synergy 확보를 통해 현재도 계속 진행되고 있습니다.

3. 선택과 집중(Selecting&Focusing for Change)

소비재에서 산업재로 포트폴리오 전환

두산 그룹은 90년대의 식음료/유통 중심의 소비재 중심 사업구조에서 ISB(Infra Support Business)중심의 사업 구조로 '선택과 집중'을 전개하여, 사업간 시너지 극대화를 통한 지속적인 성장을 도모하고 있습니다.

4. 세계화(Globalizing for Change)

글로벌 비즈니스 포트폴리오 증대

글로벌 사업을 지속적으로 확대하고 있는 두산은 내수 위주의 수익구조의 한계를 탈피하고 세계적 기업으로의 성장을 거듭하고 있습니다. 또한 전 대륙에 현지법인과 해외지사를 설립하고 해외 딜러 망을 구축하는 노력을 하고 있습니다.

2 인재상

1. Cultivating People

사람에 대해 진정으로 관심을 가지고 육성합니다.

2. Inhwa

인화를 실천합니다.

3. Limitless Aspiration

끊임없이 올라가는 눈높이를 가집니다.

4. Open Communication

상하좌우 열린 소통을 합니다.

5. Tenacity & Drive

현명한 근성을 가지고 무엇이든 해냅니다.

6. Prioritization & Focus

중요한 것의 해결에 집중합니다.

3 채용절차

서류 전형 (입사 지원 및 DBS 응시) → DCAT (두산 종합 적성검사) → 실무면접 (SI 및 DISE) → 최종면접 (회장단 면접)

1. 서류전형

① **입사지원서 작성** : 인적사항 및 학력사항, 기타 경험 등을 기재하는 입사지원서를 작성, 제출합니다.

② **Doosan Biodata Survey(DBS) 응시** : DBS(Doosan Biodata Survey)는 지원자가 두산의 인재상에 부합하는지를 측정하는 선발도구입니다. 온라인으로 진행되며, 입사지원서 제출 완료 후 곧바로 DBS 화면으로 이동하여 응시하게 되고, DBS를 완료하여야 지원서 접수가 완료됩니다. DBS는 총 140문항(70page)에 약 1시간에 걸쳐 응답하게 되며, 지원자의 여러 가지 상황을 고려하여 1 Page당 3회의 재접속/응시가 가능합니다. DBS는 정답이 없는 Survey로 솔직하게 답변을 하는 것이 중요합니다.

2. DCAT(두산 종합적성검사)

지원자가 성공적인 업무수행을 위한 역량과 기초직무능력을 갖추었는지를 평가하기 위한 검사입니다.

3. 실무면접

① SI(Structured Interview)

- SI는 구조화된 면접기법으로서 지원자의 역량보유 정도를 평가합니다.
- SI 면접은 지원자 1인과 면접관 3명으로 약 1시간 정도 진행되며, 면접관은 각 자회사의 실무진으로 구성됩니다.
- SI 면접을 준비하기 위해서는 본인이 살아온 인생을 사전에 Review 해보시는 게 좋습니다.
- 어떻게 살아왔는지, 무얼 했었는지 곰곰이 되돌아보시면 면접 시 도움이 될 것입니다.

② DISE(DOOSAN Integrated Simulation Exercise)

- DISE는 Case 면접으로, 지원자의 역량보유 정도와 분석적 사고 및 문제해결 능력을 평가합니다.
- 특정상황과 해결과제가 포함된 Business Case가 주어지며, Case 분석 및 PT 준비/PT 및 질의응답의 과정으로 총 1시간 정도 진행됩니다.
- Case에 주어진 상황과 자료를 다각도로 분석하여 주어진 시간 내에 합리적인 해결방안을 도출하는 것이 중요합니다.

4. 최종면접

그룹회장단 및 자회사 최고경영진이 직접 참여하는 면접으로 두산의 가치 및 문화에 부합한 인재인지를 평가합니다.

DCAT(Doosan Comprehensive Aptitude Test)

DCAT(Doosan Comprehensive Aptitude Test), 즉 두산 종합적성검사는 지원자가 성공적인 업무 수행을 위한 역량과 기초직무능력을 갖추었는지를 평가하기 위한 검사입니다.

구분		검사설명	문항 수	소요시간
기초적성검사	인문	언어논리/수리자료분석/어휘 유창성 검사로 진행	90문항	80분
	이공	언어논리/수리자료분석/공간추리 검사로 진행	90문항	82분
인성검사		지원자의 인성이 두산이 추구하는 바와 부합하는지를 평가합니다.	272문항	55분

* 신입 DCAT는 지원자의 직무 또는 전공에 따라 인문/이공으로 진행됩니다.

* 본서에 수록된 DCAT의 영역과 문제는 2019년 채용을 기준으로 하였으므로 추후 변경 가능성이 있습니다.

언어논리

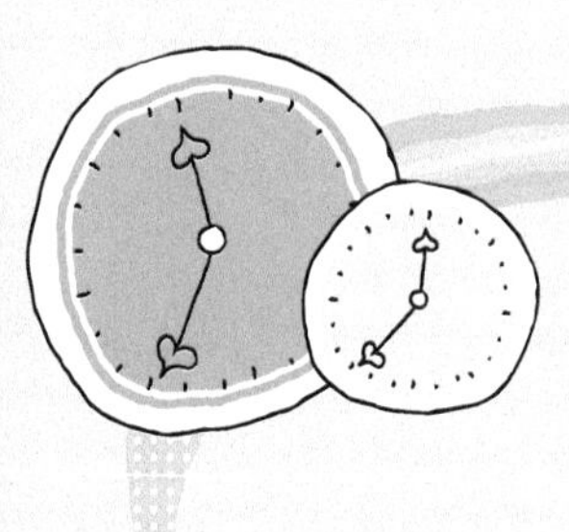

1DAY

언어논리

1. 언어추리

기출유형분석

문제풀이 시간 : 40초

▶ 다음 문장을 읽고 그 내용에 가장 부합하는 것을 고르시오.

어린이를 좋아하는 사람은 새를 좋아한다.
산을 좋아하는 사람은 나무를 좋아하며 꽃을 좋아한다.
꽃을 좋아하는 사람은 어린이를 좋아한다.
그러므로 ______________________

① 나무를 좋아하는 사람은 산을 좋아한다.
② 꽃을 좋아하는 사람은 나비를 좋아한다.
③ 어린이를 좋아하는 사람은 꽃을 좋아한다.
④ 꽃을 좋아하는 사람은 새를 좋아한다.
⑤ 새를 좋아하는 사람은 어린이를 좋아한다.

정답해설 제시된 조건들을 정리하면 다음과 같다.
산을 좋아함→나무를 좋아함
꽃을 좋아함→어린이를 좋아함→새를 좋아함
그러므로 꽃을 좋아하는 사람은 새를 좋아한다.

오답해설 ① 주어진 명제로는 나무를 좋아하는 사람이 산을 좋아하는지 알 수 없다.
② 나비는 새가 아니다.
③ 주어진 명제로는 어린이를 좋아하는 사람은 꽃을 좋아하는지 알 수 없다.
⑤ 주어진 명제로는 새를 좋아하는 사람이 어린이를 좋아하는지 알 수 없다.

정답 ④

[01~05] 다음 물음에 알맞은 답을 고르시오.

총 문항 수 : 5문항 | 총 문제풀이 시간 : 3분 20초 | 문항당 문제풀이 시간 : 40초

01 다음 문장을 읽고 그 내용에 가장 부합하는 것을 고르면?

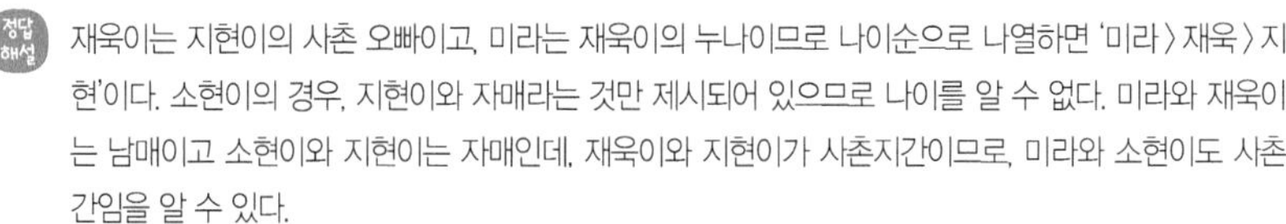

재욱이는 지현이의 사촌 오빠이다.
소현이와 지현이는 자매이다.
미라는 재욱이의 누나이다.
그러므로 ______________________

① 미라는 소현이와 사촌 간이다.
② 미라는 지현이와 동갑이다.
③ 재욱이와 소현이는 나이가 같다.
④ 소현이는 지현이보다 나이가 많다.
⑤ 미라는 소현이보다 나이가 적다.

정답해설 재욱이는 지현이의 사촌 오빠이고, 미라는 재욱이의 누나이므로 나이순으로 나열하면 '미라 〉 재욱 〉 지현'이다. 소현이의 경우, 지현이와 자매라는 것만 제시되어 있으므로 나이를 알 수 없다. 미라와 재욱이는 남매이고 소현이와 지현이는 자매인데, 재욱이와 지현이가 사촌지간이므로, 미라와 소현이도 사촌 간임을 알 수 있다.

TIP 추론의 종류

- **연역 추론** : 일반적인 사실 또는 원리를 통해 특수한 지식, 원리 등을 논증하는 방법
  - 삼단 논법 : 대전제, 소전제, 대전제와 소전제를 통해 내린 특수한 지식 · 원리 · 사실 등을 결론으로 한다.
  - 직접 추론 : 하나의 참된 전제로부터 결론을 내리는 방법으로, 전제와 결론 사이에 필연성이 존재한다.
- **귀납 추론** : 개별적이거나 구체적인 사례를 통해 일반적인 원리를 이끌어내는 방법
  - 일반화 : 여러 사례들을 제시한 후 그를 통해 다른 사례들도 모두 마찬가지라는 결론을 내리는 것을 의미한다.
  - 유추 : 서로 다른 범주에 속하는 두 대상 간에 존재하는 유사성을 근거로 세부적인 속성도 일치할 것이라는 결론을 내리는 것을 의미한다.

정답 01 ①

이 문제 중요!

02 먼 은하계에 X, 알파, 베타, 감마, 델타 다섯 행성이 있다. X 행성은 매우 호전적이어서 기회만 있으면 다른 행성을 식민지화하고자 한다. 다음 조건이 모두 참이라고 할 때, X 행성이 침공할 행성을 모두 고르면?

> ㉠ X 행성은 델타 행성을 침공하지 않는다.
> ㉡ X 행성은 베타 행성을 침공하거나 델타 행성을 침공한다.
> ㉢ X 행성이 감마 행성을 침공하지 않는다면 알파 행성을 침공한다.
> ㉣ X 행성이 베타 행성을 침공한다면 감마 행성을 침공하지 않는다.

① 베타 행성
② 감마 행성
③ 알파와 베타 행성
④ 알파와 감마 행성
⑤ 알파와 베타와 감마 행성

정답 해설

㉠ 델타 행성은 X 행성의 침공 대상에서 제외된다.
㉡ X 행성은 베타 행성 혹은 델타 행성을 침공할 것이라고 하였다. 그런데 ㉠에 따르면 X 행성은 델타 행성을 침공하지 않을 것이므로 베타 행성이 X 행성의 침공 대상이 된다.
㉢ X 행성이 감마 행성을 침공하지 않는다면 알파 행성을 침공할 것이라고 하였으므로 감마 행성과 알파 행성 중 한 행성은 X 행성의 침공 대상이 될 것이다.
㉣ X 행성이 베타 행성을 침공한다면 감마 행성을 침공하지 않을 것이라고 하였는데, ㉠, ㉡에 따르면 베타 행성은 이미 침공 대상이므로 감마 행성은 침공 대상이 되지 않는다. ㉢에 따르면 감마 행성과 알파 행성 중 한 행성은 X 행성의 침공 대상이 되므로 감마 행성을 제외한 알파 행성이 X 행성의 침공 대상이 된다.

따라서 X 행성은 알파 행성과 베타 행성을 침공할 것이다.

03 다음 ㉠~㉢ 중 제시된 글의 전제가 될 수 있는 것은?

십대들을 위한 마약 및 성에 관한 교육의 필요성이 지나치게 과장되어 있다. 그러한 교육에 투자되는 돈을 차라리 가정의 화목을 유지하는 데 도움이 되는 가정상담을 활성화하는 데 이용하는 것이 더 바람직하다. 가정의 불화가 감소하면 십대들의 약물남용과 성문란은 자연히 줄어들게 된다.

㉠ 가정상담은 가정의 화목을 유지하는 데 효과적이다.
㉡ 가정불화에 의해 십대들의 약물남용과 성문란이 촉발된다.
㉢ 십대들을 위한 선도교육에 현재 종사하는 사람들을 가정상담요원으로 재고용할 수 있다.

① ㉠
② ㉡
③ ㉠, ㉡
④ ㉠, ㉢
⑤ ㉡, ㉢

㉠ 가정의 화목을 유지하는 데 도움이 되는 가정상담을 활성화하는 데 이용하는 것이 더 바람직하다. → 가정상담은 가정의 화목을 유지하는 데 효과적이다.
㉡ 가정의 불화가 감소하면 십대들의 약물남용과 성문란은 자연히 줄어들게 된다. → 가정불화에 의해 십대들의 약물남용과 성문란이 촉발된다.

정답 02 ③ | 03 ③

04 다음 ㉠~㉢ 중 제시된 글의 전제가 될 수 있는 것은?

일본의 자동판매기는 상품을 맛있게 보이도록 하기 위해서 메타크릴레이트 수지로 만든 투명 커버를 쇼윈도처럼 덮어둔다. 그런데 이 아름다운 수지가 자동판매기에 그대로 사용되고 있는 것은 일본뿐이며, 다른 나라에서는 사용하지 않는다. 왜냐하면 메타크릴레이트 수지는 아름답지만, 망치로 내리치면 쉽게 부서지기 때문이다.

㉠ 내용물을 도둑맞을 수 있는 자동판매기는 사용하지 않는다.
㉡ 다른 나라에서는 망치로 쉽게 부술 수 있는 자동판매기를 사람들이 부숴서 내용물을 훔쳐가는 경우가 많이 있다.
㉢ 메타크릴레이트 수지 이외의 다른 재질은 자동판매기에 사용되기에는 아름답지 못하다.

① ㉠
② ㉠, ㉡
③ ㉠, ㉢
④ ㉡, ㉢
⑤ ㉠, ㉡, ㉢

정답 해설

㉠ 메타크릴레이트 수지는 아름답지만, 망치로 내려치면 쉽게 부서지기 때문이다. → 내용물을 도둑맞을 수 있는 자동판매기는 사용하지 않는다.
㉡ 이 아름다운 수지가 자동판매기에 그대로 사용되고 있는 것은 일본뿐이며, 다른 나라에서는 사용하지 않는다. → 다른 나라에서는 망치로 쉽게 부술 수 있는 자동판매기를 사람들이 부숴서 내용물을 훔쳐가는 경우가 많이 있다.

05 다음 주어진 조건을 모두 충족했을 때 반드시 참인 것은?

㉠ 모든 금속은 전기가 통한다.
㉡ 광택이 난다고 해서 반드시 금속은 아니다.
㉢ 전기가 통하지 않고 광택이 나는 물질이 존재한다.
㉣ 광택이 나지 않으면서 전기가 통하는 물질이 존재한다.
㉤ 어떤 금속은 광택이 난다.

① 금속이 아닌 물질은 모두 전기가 통하지 않는다.
② 전기도 통하고 광택도 나는 물질이 존재한다.
③ 광택을 내지 않고 금속인 물질이 존재한다.
④ 전기가 통하는 물질은 모두 광택이 난다.
⑤ 광택을 내지 않는 금속은 없다.

정답 해설 ② 어떤 금속은 광택을 내며, 모든 금속은 전기를 통하므로 ②는 참이다.

①, ④ 한 명제가 참이라 할지라도 그 명제의 역과 이가 반드시 참이 될 수는 없다.

③ 광택을 내지 않는 금속도 있다는 내용의 명제가 참인 조건으로 주어지지 않은 이상, ㉤을 '금속에는 광택이 나는 것과 나지 않는 것이 있다.'로 해석할 수 없다. 즉, '어떤 금속'은 금속 중의 일부를 말하고 있지만, 그렇다고 그 금속 이외의 다른 모든 금속들이 광택이 없다고 확정할 수 없으므로 ③은 반드시 참이 될 수 없다.

⑤ '광택을 내지 않는 금속은 없다.'는 '모든 금속은 광택이 난다.'의 대우다. 그러나 ㉤에서는 '모든 금속'이 아닌 '어떤 금속'을 두고 이야기하였으므로 ⑤는 반드시 참이 될 수 없다.

[06~18] 다음 물음에 알맞은 답을 고르시오.

총 문항 수 : 13문항 | 총 문제풀이 시간 : 13분 | 문항당 문제풀이 시간 : 1분

이 문제 중요!

06 왼쪽부터 순서대로 빨간색, 갈색, 검정색, 노란색, 파란색 5개의 컵들이 놓여 있다. 그 중 4개의 컵에는 각각 물, 주스, 맥주, 포도주가 들어있으며, 하나의 컵은 비어 있다. 이에 맞추어 사실을 말하고 있는 것은?

- 물은 항상 포도주가 들어있는 컵의 오른쪽 방향의 컵에 들어있다.
- 주스는 비어 있는 컵의 왼쪽 컵에 들어있다.
- 맥주는 빨간색 또는 검정색 컵에 들어있다.
- 맥주가 빨간색 컵에 들어있으면 파란색 컵에는 물이 들어있다.
- 포도주는 빨간색, 검정색, 파란색 컵 중에 들어있다.

① 빨간색 컵에는 물이 들어있다.

② 갈색 컵에는 맥주가 들어있다.

③ 검정색 컵에는 주스가 들어있다.

④ 노란색 컵에는 주스가 들어있다.

⑤ 파란색 컵에는 포도주가 들어있다.

정답 해설 위 조건에 따르면, 노란색 컵에는 주스가 들어있다.

컵	빨간색	갈색	검정색	노란색	파란색
내용물	포도주	물	맥주	주스	비어 있음

① 빨간색 컵에는 포도주가 들어있다.

② 갈색 컵에는 물이 들어있다.

③ 검정색 컵에는 맥주가 들어있다.

⑤ 파란색 컵은 비어 있다.

07 **나란히 이웃하여 살고 있는 수덕, 원태, 광수는 서로 다른 애완동물(개, 고양이, 원숭이)을 기르고 있으며, 서로 다른 직업을 가지고 있다. 이에 맞추어 사실을 말하고 있는 것은?**

- 광수는 광부이다.
- 가운데 집에 사는 사람은 개를 키우지 않는다.
- 농부와 의사의 집은 서로 이웃해 있지 않다.
- 노란 지붕 집은 의사의 집과 이웃해 있다.
- 파란 지붕 집에 사는 사람은 고양이를 키운다.
- 원태는 빨간 지붕 집에 산다.

① 수덕은 빨간 지붕 집에 살지 않고, 원태는 개를 키우지 않는다.

② 노란 지붕 집에 사는 사람은 원숭이를 키우지 않는다.

③ 수덕은 파란 지붕 집에 살고, 원태는 개를 키운다.

④ 수덕은 고양이를 키우지 않는다.

⑤ 원태는 농부다.

정답해설 광수는 광부이며, 농부와 의사의 집은 서로 이웃해 있지 않으므로 광부인 광수는 가운데 위치한 집에 살며, 그는 개를 키우지 않는다. 노란 지붕 집은 의사의 집과 이웃해 있으므로 광수의 집 지붕은 노란색이다. 원태는 빨간 지붕 집에서 살고 있으므로 파란 지붕 집에 사는 사람은 수덕이고 그는 고양이를 키운다. 한편 광수는 개를 키우지 않으므로 개를 키우는 사람은 원태, 원숭이를 키우는 사람은 광수이다.

③ 수덕은 파란 지붕 집에 살고, 원태는 빨간 지붕 집에 살고 있다. 파란 지붕 집에 사는 사람이 고양이를 키우고, 원태는 개를 키우고 있으므로 사실이다.

① 수덕은 파란 지붕 집에서 살고, 원태는 개를 키우고 있다.

② 노란 지붕 집에 사는 사람은 광수이며 그는 원숭이를 키운다.

④ 수덕은 고양이를 키운다.

⑤ 광수는 광부이고, 나머지 두 사람의 직업은 농부와 의사이다. 그러나 수덕과 원태의 직업에 대한 정보가 없으므로, 원태의 직업이 농부인지 아닌지 확실하게 알 수 없다.

이 문제 중요!

08 다음 조건을 읽고 옳은 것은?

- A, B, C, D, E는 5층인 아파트에 함께 살고 있다.
- A, B, D는 서로 같은 간격을 유지하고 있다.
- C는 E보다 위층에 살고 있다.
- A는 5층에 살고 있다.
- D는 B보다 높은 층에 살고 있지 않다.

① B는 2층에 산다.
② E는 3층에 산다.
③ B는 제일 아래층에 산다.
④ C는 제일 위층에 산다.
⑤ B는 C보다 낮은 층에 산다.

정답 해설

5	A
4	C
3	B
2	E
1	D

또는

5	A
4	B
3	D
2	C
1	E

⑤의 경우 언제나 옳은 것은 아니지만, 경우에 따라 가능하다.

09 주희, 세진, 정운, 희아는 저녁에 피자, 치킨, 보쌈, 탕수육을 먹고 싶어 한다. 다음과 같이 각자 선호하는 음식으로 주문을 할 때 사실을 말하고 있는 것은? (단, 모두 다른 음식을 주문한다.)

- 주희는 피자와 치킨을 좋아하지 않는다.
- 세진은 탕수육을 좋아하지 않는다.
- 정운은 피자를 좋아하지 않는다.
- 희아는 보쌈을 좋아한다.

① 정운은 치킨을 주문할 것이다.
② 주희는 피자를 주문할 것이다.
③ 희아는 탕수육을 주문할 것이다.
④ 세진은 보쌈을 주문할 것이다.
⑤ 주어진 내용만으로는 누가 어떤 음식을 주문할 것인지 알 수 없다.

1DAY 2DAY 3DAY

정답해설 네 명이 각자 선호하거나 싫어하는 음식을 정리해 보면 다음과 같다.

	피자	치킨	보쌈	탕수육
주희	×	×	△	△
세진	△	△	△	×
정운	×	△	△	△
희아	△	△	○	△

희아는 보쌈을 주문할 것이다. 주희는 피자와 치킨을 싫어하는데 희아가 보쌈을 주문하였으므로 탕수육을 주문하게 될 것이다. 세진은 피자와 치킨을 주문할 수 있는데, 정운이 피자를 싫어하므로 정운이 치킨을 주문하고 세진이 피자를 주문하게 될 것이다.

정답 08 ⑤ | 09 ①

10 세 문구점이 학교 앞 골목을 따라 서로 이웃하고 있다. 세 문구점 A, B, C는 평수에 따라 임의의 순서로 각각 소형, 중형, 대형으로 구분되며, 골목에서 세 집을 바라볼 때 다음과 같다. 이에 맞추어 사실을 말하고 있는 것은?

- A 문구점은 맨 왼쪽에 있다.
- 평수가 대형인 문구점은 A 문구점과 접해 있지 않다.
- 팩스를 보낼 수 있는 문구점은 중형 문구점의 바로 오른쪽에 있다.
- 소형 문구점에서는 코팅을 할 수 있다.
- C 문구점에서는 복사를 할 수 있다.

① C 문구점은 중형이다.
② B 문구점에서 코팅을 할 수 있다.
③ 중형 문구점의 바로 오른쪽에 C 문구점이 있다.
④ A 문구점의 바로 오른쪽 문구점에서 팩스를 보낼 수 있다.
⑤ A 문구점과 B 문구점은 서로 접해 있다.

정답 해설

- A 문구점은 맨 왼쪽에 있다.
- 평수가 대형인 문구점은 A 문구점과 접해 있지 않다.
- 팩스를 보낼 수 있는 문구점은 중형 문구점의 바로 오른쪽에 있다.

A 문구점		
중형		대형
	팩스	

또는

A 문구점		
	중형	대형
		팩스

- 소형 문구점에서는 코팅을 할 수 있다.
- C 문구점에서는 복사를 할 수 있다.

A 문구점	C 문구점	B 문구점
소형	중형	대형
코팅	복사	팩스

11 **나란히 접해 있는 네 개의 우리에 애완동물이 각각 한 마리씩 들어 있다. 네 애완동물은 임의의 순서로 각각 빨간 리본, 노란 리본, 파란 리본, 초록 리본을 달고 있으며, 네 개의 우리 앞에서 애완동물을 바라볼 때 다음과 같다. 이에 맞추어 사실을 말하고 있는 것은?**

- 맨 오른쪽 우리의 애완동물은 빨간 리본을 달고 있다.
- 패럿은 기니피그의 바로 오른쪽에 있다.
- 미니 토끼는 파란 리본을 달고 있다.
- 미니 돼지는 초록 리본을 달고 있다.
- 파란 리본을 단 애완동물은 노란 리본을 단 애완동물의 바로 왼쪽에 있다.

① 기니피그는 빨간 리본을 달고 있다.
② 기니피그는 미니 돼지의 바로 오른쪽에 있다.
③ 미니 돼지의 바로 왼쪽에는 미니 토끼가 있다.
④ 미니 토끼는 맨 왼쪽의 우리에 있다.
⑤ 미니 토끼의 바로 오른쪽 애완동물은 노란 리본을 달고 있다.

- 맨 오른쪽 우리의 애완동물은 빨간 리본을 달고 있다.

			빨간 리본

- 페럿은 기니피그의 바로 오른쪽에 있다.
- 미니 토끼는 파란 리본을 달고 있다.
- 미니 돼지는 초록 리본을 달고 있다.

미니 토끼	미니 돼지	기니피그	페럿
파란 리본	초록 리본		빨간 리본

또는

미니 돼지	미니 토끼	기니피그	페럿
초록 리본	파란 리본		빨간 리본

- 파란 리본을 단 애완동물은 노란 리본을 단 애완동물의 바로 왼쪽에 있다.

미니 돼지	미니 토끼	기니피그	페럿
초록 리본	파란 리본	노란 리본	빨간 리본

이 문제 중요!

12 명절 선물세트 코너에 각기 다른 종류의 선물세트가 나란히 놓여 있다. 선물세트 A, B, C, D, E에는 임의의 순서로 각각 한우, 홍삼, 굴비, 곶감, 한과가 들어 있으며, 선물세트 코너의 앞에서 선물세트를 바라볼 때 다음과 같다. 이에 맞추어 사실을 말하고 있는 것은?

- B 선물세트는 맨 가운데에 놓여 있다.
- 굴비가 들어 있는 선물세트는 맨 왼쪽에 놓여 있다.
- D 선물세트의 바로 왼쪽에는 E 선물세트가 놓여 있다.
- E 선물세트에는 홍삼이 들어 있다.
- C 선물세트에 굴비는 들어 있지 않다.
- 한우가 들어 있는 선물세트의 바로 오른쪽 선물세트에는 한과가 들어 있다.

① B 선물세트에는 한우가 들어 있다.
② D 선물세트의 바로 왼쪽 선물세트에는 곶감이 들어 있다.
③ B 선물세트의 바로 왼쪽에는 D 선물세트가 놓여 있다.
④ C 선물세트의 바로 오른쪽 선물세트에는 한과가 들어 있다.
⑤ A 선물세트에는 곶감이 들어 있다.

정답 해설

- B 선물세트는 맨 가운데에 놓여 있다.
- 굴비가 들어 있는 선물세트는 맨 왼쪽에 놓여 있다.

		B 선물세트		
굴비				

- D 선물세트의 바로 왼쪽에는 E 선물세트가 놓여 있다.

E 선물세트	D 선물세트	B 선물세트		
굴비				

또는

		B 선물세트	E 선물세트	D 선물세트
굴비				

• E 선물세트에는 홍삼이 들어 있다.

		B 선물세트	E 선물세트	D 선물세트
굴비			홍삼	

• C 선물세트에 굴비는 들어 있지 않다.

A 선물세트	C 선물세트	B 선물세트	E 선물세트	D 선물세트
굴비			홍삼	

• 한우가 들어 있는 선물세트의 바로 오른쪽 선물세트에는 한과가 들어 있다.

A 선물세트	C 선물세트	B 선물세트	E 선물세트	D 선물세트
굴비	한우	한과	홍삼	곶감

13 **빨간색, 파란색, 노란색, 녹색, 검정색의 우산이 있다. 이 다섯 개의 우산이 각각 다른 사람의 것이라면 노란색 우산의 주인은 누구인가?**

• 정운이는 검정색의 우산을 가지고 있다.
• 수경이는 녹색의 물건을 싫어하고 빨간색의 물건을 좋아한다.
• 경종이는 검정색과 노란색의 물건을 싫어한다.
• 미진이는 파란색과 빨간색의 물건을 싫어한다.
• 현우는 녹색을 좋아해서 녹색 우산이 있다.

① 정운 ② 수경
③ 경종 ④ 미진
⑤ 현우

정답해설 다섯 명이 각자 이미 우산을 가지고 있거나, 선호하는 색을 정리해보면 다음과 같다.
○ – 우산이 있음, △ – 좋아함, × – 싫어함

	빨간색	파란색	노란색	녹색	검정색
정운					○
수경	△			×	
경종			×		×
미진	×	×			
현우				○	

14 **순규, 진우, 지현, 준수 네 사람은 오늘 세미나실, 회의실, 연구실, 강연실을 각각 한 부분씩 맡아서 청소해야 한다. 그런데 순규는 세미나실과 회의실 청소를 싫어하고, 진우는 강연실 청소를 싫어하며, 지현은 세미나실 청소를 좋아하고, 준수는 연구실 청소를 원한다. 각자의 선호에 따라 청소를 할 때, 거짓을 말하고 있는 것은?**

① 순규는 강연실을 청소하게 될 것이다.

② 진우는 세미나실을 청소하게 될 것이다.

③ 지현은 세미나실을 청소하게 될 것이다.

④ 준수는 연구실을 청소하게 될 것이다.

⑤ 네 사람은 각각 한 부분씩 충돌없이 청소구역을 배정할 수 있다.

정답 해설 네 명이 각자 선호하거나 혹은 싫어하는 구역을 정리해 보면 다음과 같다.

	세미나실	회의실	연구실	강연실
순규	×	×	△	△
진우	△	△	△	×
지현	○	△	△	△
준수	△	△	○	△

진우와 순규는 회의실과 강연실 중 한 곳을 각각 청소하게 된다. 그런데 진우가 강연실 청소를 싫어하므로 순규는 강연실을, 진우는 회의실을 청소하게 될 것이다.

15 **새해가 되어 종국이는 친척들을 방문하려 한다. 다음과 같은 조건이 있을 때 종국이가 함께 방문할 수 있는 친척은?**

- 큰아버지와 형수는 함께 방문할 수 없다.
- 고모와 형수는 함께 방문할 수 없다.
- 큰어머니와 삼촌은 반드시 함께 방문해야 한다.
- 큰어머니와 사촌 동생은 반드시 함께 방문해야 한다.
- 할머니와 조카는 함께 방문할 수 없다.
- 형수와 할아버지는 반드시 함께 방문해야 한다.
- 조카와 삼촌은 반드시 함께 방문해야 한다.
- 사촌 동생과 고모는 반드시 함께 방문해야 한다.
- 작은아버지와 고모는 함께 방문할 수 없다.

① 큰아버지와 할아버지 ② 큰어머니와 고모
③ 큰어머니와 할머니 ④ 큰어머니와 형수
⑤ 형수와 사촌 동생

정답 해설 ② 큰어머니와 사촌 동생은 반드시 함께 방문해야 한다. → 사촌 동생과 고모는 반드시 함께 방문해야 한다. → 큰어머니와 고모는 함께 방문할 수 있다.

① 큰아버지와 형수는 함께 방문할 수 없다. → 형수와 할아버지는 반드시 함께 방문해야 한다. → 큰아버지와 할아버지는 함께 방문할 수 없다.

③ 큰어머니와 삼촌은 반드시 함께 방문해야 한다. → 조카와 삼촌은 반드시 함께 방문해야 한다. → 할머니와 조카는 함께 방문할 수 없다. → 큰어머니와 할머니는 함께 방문할 수 없다.

④ 큰어머니와 사촌 동생은 반드시 함께 방문해야 한다. → 사촌 동생과 고모는 반드시 함께 방문해야 한다. → 고모와 형수는 함께 방문할 수 없다. → 큰어머니와 형수는 함께 방문할 수 없다.

⑤ 고모와 형수는 함께 방문할 수 없다. → 사촌 동생과 고모는 반드시 함께 방문해야 한다. → 형수와 사촌 동생은 함께 방문할 수 없다.

16 2017년 12월 23일 밤 11시 한강 둔치에서 살인 사건이 발생했다. 범인은 한 명이며, 현장에서 피해자를 살해한 것이 확인되었다. 하지만 현장에 범인 외에 몇 명의 사람이 있었는지는 확인되지 않았다. 이 사건의 용의자 A, B, C, D, E의 진술 중 두 사람의 진술이 거짓이며, 거짓말을 한 사람 중에 범인이 있다면 살인범은?

㉠ A의 진술 : 나는 살인 사건이 일어난 밤 11시에 서울역에 있었다.
㉡ B의 진술 : 그날 밤 11시에 나는 A, C와 함께 있었다.
㉢ C의 진술 : B는 그날 밤 11시에 A와 함께 춘천에 있었다.
㉣ D의 진술 : B의 진술은 참이다.
㉤ E의 진술 : C는 그날 밤 11시에 나와 단 둘이 함께 있었다.

① A ② B
③ C ④ D
⑤ E

㉠, ㉢ A와 C의 진술이 모두 참이라고 한다면, A가 범행 시간인 11시에 있었다고 주장하는 장소가 각각 다르다는 모순이 발생한다. 그러므로 A와 C 두 사람 중 적어도 한 사람은 거짓말을 하고 있다.
㉡, ㉤ B와 E의 진술이 모두 참이라고 한다면, C가 범행 시간인 11시에 함께 있었다고 주장하는 사람이 각각 다르다는 모순이 발생한다. 그러므로 B와 E 중 적어도 한 사람은 거짓말을 하고 있다.
㉣ 거짓말을 하는 사람의 수는 총 두 사람인데 A와 C 중 적어도 한 사람, B와 E 중 적어도 한 사람이 거짓말을 하고 있으므로 D의 진술은 참이다.
㉤ D의 진술이 참이므로 B의 진술 역시 참이 된다. B의 진술이 참이므로 A와 C는 범행 시간에 B와 함께 서울역에 있었다. 그러므로 A와 C는 범인이 될 수 없으며 E는 거짓말을 하고 있다.
따라서 거짓말을 한 사람은 C와 E이며, 범인은 E이다.

17 **3개의 집에 아래와 같은 안내문이 붙어 있다. 그 중 2개의 집에는 각각 보물과 괴물이 들어 있고, 나머지 집은 비어 있다. 3개의 안내문 중 단 하나만 참이라고 할 때, 가장 올바른 결론은?**

> ㉠ 집 A의 안내문 : 집 B에는 괴물이 들어 있다.
> ㉡ 집 B의 안내문 : 이 집은 비어 있다.
> ㉢ 집 C의 안내문 : 이 집에는 보물이 들어 있다.

① 집 A에는 반드시 보물이 들어 있다.
② 집 B에는 보물이 들어 있을 수 있다.
③ 괴물을 피하려면 집 B를 택하면 된다.
④ 집 C에는 반드시 괴물이 들어 있다.
⑤ 집 C에는 보물이 들어 있을 수 있다.

정답 해설 ㉠ 집 A의 안내문이 참일 경우 집 B에는 괴물이 들어 있다. 또한 집 C는 비어 있는 것이 되므로 보물이 있는 곳은 집 A가 된다.
㉡ 집 B의 안내문이 참일 경우 집 C에는 보물이 없다. 그러므로 보물이 들어 있는 곳은 집 A가 된다.
㉢ 집 C의 안내문이 참일 경우 집 A와 집 B 중 하나는 비어 있고 다른 하나에는 괴물이 있어야 한다. 그러나 이때 집 A의 안내문이 거짓이어야 하는데 이를 충족시키기 위해서는 집 B에 괴물이 없어야 한다. 하지만 이는 다시 집 B가 비어 있어서는 안 된다는 점에서 모순된다.

결론적으로 반드시 참이 되는 것은 집 A 또는 집 B의 안내문이다. 따라서, 집 A나 집 B의 안내문이 참인 두 경우 모두 방 A에는 보물이 들어 있다는 결론을 얻을 수 있으므로 ①은 올바른 결론이다.

18 **규리, 미라, 채원이는 각각 여러 필의 말을 소유하고 있다. 규리는 흰색 말도 소유하고 있고, 채원이는 갈색말도 소유하고 있지만 미라는 흰색 말만 소유하고 있다. 이들이 가진 흰색 말들은 모두 초원에 있으며, 초원에 있는 말들이 모두 흰색이라고 할 때 다음 중 옳은 것은?**

① 채원이의 말은 모두 초원에 있다.

② 미라의 말은 모두 초원에 있다.

③ 채원이의 말 중 적어도 한 마리 이상은 초원에 있다.

④ 초원에 있는 미라의 말은 단 한 마리뿐이다.

⑤ 미라의 말은 모두 울타리에 있다.

정답 해설 이 글에서 흰색 말을 소유하고 있는 것은 규리, 미라이며, 채원이가 흰색 말을 소유하고 있는지는 알 수 없다. 또한 모든 흰색말이 초원에 있으므로, 미라의 말은 모두 초원에 있다.

소요시간		채점결과	
목표시간	16분 20초	총 문항수	18문항
실제 소요시간	( )분 ( )초	맞은 문항 수	( )문항
초과시간	( )분 ( )초	틀린 문항 수	( )문항

2. 언어논리

기출유형분석

⏰ 문제풀이 시간 : 1분

▶ 주어진 주제로 글을 쓸 때 근거로 삼을 수 있는 있는 문장을 고르시오.

주제 – 지역주민에게 대학도서관을 개방해야 한다.

㉠ 지역사회의 도서관 수가 절대적으로 부족하다.
㉡ 장서관리가 힘들어진다.
㉢ 대학은 지역사회에 기여해야 한다.
㉣ 대학은 순수하게 학문을 연구하는 기관이어야 한다.
㉤ 면학 분위기를 해친다.

① ㉠, ㉡
② ㉠, ㉢
③ ㉡, ㉣
④ ㉢, ㉤
⑤ ㉣, ㉤

정답해설 지역사회의 도서관 수가 부족하다는 사실이나 대학이 지역사회에 기여해야 한다는 의견은 대학도서관 개방에 찬성하는 입장이다.

오답해설 ㉡, ㉣, ㉤은 지역주민에게 대학도서관 개방하는 것을 반대하는 입장이므로 주제를 뒷받침하기에 적합하지 않다.

핵심정리 주어진 주제로 글을 쓸 때 주제를 뒷받침할 수 있는 문장을 고르는 문제유형으로 주제를 세부적으로 설명하거나 관련된 예를 든 문장을 선택하는 것도 문제를 해결하는 방법이다. 주제는 각 문장에 담긴 내용을 포괄할 수 있어야 하므로 이것을 역으로 활용하면 된다.

정답 ②

정답 18 ②

[01~06] 다음 주어진 주제로 글을 쓸 때 근거로 삼을 수 있는 문장을 고르시오.

총 문항 수 : 6문항 | 총 문제풀이 시간 : 6분 | 문항당 문제풀이 시간 : 1분

01 주제 – 디지털도서관의 추진을 지원해야 한다.

㉠ 디지털도서관이 추진되면 지역의 단위도서관들은 실질적으로 그 중요성이 감소되거나 사라질 수도 있다. 이것은 정보자료가 어디에 소장되어 있든 간에 이용자들이 텔레커뮤니케이션을 통해 직접 정보원에 접근하는 환경이 조성되어 있기 때문이다.

㉡ 도서관의 수집매체는 인쇄자료가 주종을 이루는 기존 장서라는 것은 반박의 여지가 없는 사실이다.

㉢ 자료의 보유기능보다 접근 및 검색기능이 중요하며, 자료의 물리적 소장개념이 원격접근개념으로 변화된다.

㉣ 디지털도서관은 시간적 · 공간적 제약을 받지 않기 때문에 자유로운 접근과 이용이 가능하며, 지역 및 국가 차원의 정보격차를 해소할 수 있다.

① ㉠, ㉡
② ㉠, ㉢
③ ㉠, ㉢, ㉣
④ ㉡, ㉢, ㉣
⑤ ㉢, ㉣

정답해설 디지털도서관 이용의 장점을 고르면 된다. ㉠의 경우 지역의 단위도서관이 가진 중요성이 감소되거나 사라질 수도 있다고 말하여 디지털도서관 추진을 반대하고 있는 것처럼 보이지만, 뒷부분은 디지털도서관의 접근성이 그만큼 높다는 내용을 담고 있다.

02 주제 – 범죄예방을 위해 골목에 감시카메라를 설치해야 한다.

㉠ 우범지역에 감시카메라를 설치하고 범죄가 감소하였다는 실례가 있다.
㉡ 사생활침해의 우려가 있다.
㉢ 감시카메라의 가격은 비싼데다가, 그 관리가 용이하지 않다.
㉣ 감시카메라의 위치를 파악하고 그 눈을 피하는 것은 어렵지 않다.
㉤ 감시카메라에 찍힌 범인을 확인할 수 있어 신속한 체포가 가능하다.

① ㉠, ㉡
② ㉠, ㉤
③ ㉡, ㉢
④ ㉢, ㉣
⑤ ㉢, ㉤

정답 해설 주제는 감시카메라를 설치해야 한다는 것이므로 감시카메라를 설치했을 때의 이점을 고르면 된다.

이 문제 중요!

03 주제 – 청소년의 야간통행금지법 제정을 반대한다.

㉠ 통행의 자유라는 국민의 기본권을 침해한다.
㉡ 청소년은 나라의 기둥이므로 그들을 보호해야 한다.
㉢ 미성년자보호법과 같은 청소년 보호를 위한 법률이 이미 존재한다.
㉣ 청소년 범죄가 폭발적으로 증가하고 있다.
㉤ 청소년들은 유해한 환경에 무방비로 노출되어 있다.

① ㉠, ㉡
② ㉠, ㉢
③ ㉡, ㉢
④ ㉢, ㉣
⑤ ㉣, ㉤

정답 01 ③ | 02 ② | 03 ②

정답 해설 청소년을 보호해야 한다는 의견이나 청소년 범죄의 증가 및 청소년들이 유해한 환경에 노출되어 있다는 사실 등은 모두 청소년의 야간통행금지법 제정을 찬성하는 입장이다.

이 문제 중요!

04 주제 – 10만 원권 지폐의 발행이 필요하다.

㉠ 국민소득이 우리나라의 3배인 미국에서도 우리 돈 12만 원 정도에 해당하는 100달러 지폐보다는 20달러 지폐가 더 많이 쓰인다. 그러므로 2만 원권이나 3만 원권을 우선 도입하는 것이 더 현실적이다.

㉡ 지난 10년간 우리 사회의 대형 비리사건들의 전모가 밝혀진 이유는 뇌물로 사용된 검은 돈이 대부분 수표였기 때문이다.

㉢ 자기앞수표 발행 · 추심수수료 등의 비용이 연간 1조 원이 넘는 것으로 추산된다. 이 중에서 대부분이 10만 원권 자기앞수표이다.

㉣ 1만 원권이 발행된 것은 1973년인데, 지난 40년 동안 1인당 국민소득이 22배 이상 늘어났고, 20원이던 버스요금은 1,000원이 넘는다.

㉤ 고액권의 도입은 물가오름세 심리를 부추길 우려가 있다.

㉥ 10만 원권 자기앞수표와 상품권이 자유롭게 발행 · 유통되고 있는데 10만 원권 지폐만이 부패를 조장한다고 하기는 어렵다.

㉦ OECD 국가 대부분의 최고액권은 우리 돈으로 10만 원을 넘는다.

① ㉠, ㉡, ㉢, ㉣
② ㉠, ㉡, ㉣, ㉥
③ ㉡, ㉢, ㉥, ㉦
④ ㉢, ㉣, ㉥, ㉦
⑤ ㉣, ㉤, ㉥, ㉦

정답 해설 10만 원권 지폐 발행의 필요성에 대해 다룬 문장을 찾거나 10만 원권 지폐 발행을 반대하는 의견에 반대하는 문장이 있는 것끼리 모아진 것을 보기에서 고른다.

05 주제 – 개발제한구역에 대한 규제완화방침은 철회되어야 한다.

㉠ 개발제한구역이 없었다면 산림의 대부분은 이미 사라졌을 것이다.
㉡ 국토가 협소하므로 가용면적을 넓혀야 한다.
㉢ 무분별한 개발은 투기를 조장할 우려가 있다.
㉣ 개인의 재산권을 보호해야 한다.

① ㉠, ㉡
② ㉠, ㉢
③ ㉡, ㉢
④ ㉡, ㉣
⑤ ㉢, ㉣

정답 해설 개발제한구역에 대한 규제를 완화시켰을 때 발생할 수 있는 부정적 결과와 개발제한구역이 갖는 긍정적인 작용에 대한 내용들을 찾으면 된다.

06 주제 – 인간 복제를 반대한다.

㉠ 의료 연구에 필요하다.
㉡ 생물 재해가 우려된다.
㉢ 과학자들은 스스로를 통제할 능력이 있다.
㉣ 인간의 존엄성을 훼손할 우려가 있다.

① ㉠, ㉡
② ㉠, ㉢
③ ㉡, ㉢
④ ㉡, ㉣
⑤ ㉢, ㉣

정답 해설 주제가 '인간 복제를 반대한다'이므로 인간 복제로 인해 생길 수 있는 문제점이나 부정적인 결과를 찾으면 된다.

정답 04 ④ | 05 ② | 06 ④

기출유형분석

문제풀이 시간 : 1분

▶ 다음 개요에서 빈칸에 들어갈 알맞은 문장을 고르시오.

제목 – 과학기술자의 책임과 권리

서론 : 과학기술의 사회적 영향력에 대한 인식

본론 : 1. 과학기술자의 책임

1) 과학기술 측면 : 과학기술 개발을 위한 지속적인 노력

2) 윤리적 측면 : 사회윤리 의식의 실천

2. 과학기술자의 권리

1) 연구의 자율성을 보장받을 권리

2) 비윤리적 연구 수행을 거부할 권리

결론 : ( )

① 연구 환경의 확보

② 과학기술자의 책임의식과 권리의 확보

③ 과학기술 개발의 중요성

④ 과학적 성과와 책임의 연계

⑤ 윤리적 과학기술 개발의 필요성

정답 해설 본론1과 2에서 과학기술자의 책임과 권리의 문제를 다루었으므로, 결론에서는 이를 요약하고 관련 내용을 정리하여야 한다.

핵심 정리 제시된 개요에서 빈칸에 들어갈 알맞은 문장을 고르는 문제유형이다. 개요 작성의 절차 및 각 항목에 들어갈 적당한 내용을 찾아야 한다.

정답 ②

[01~03] 다음 개요에서 빈칸에 들어갈 알맞은 문장을 고르시오.

총 문항 수 : 3문항 | 총 문제풀이 시간 : 3분 | 문항당 문제풀이 시간 : 1분

01 제목 – 기술 문명과 가이아

서론 : 인간의 기술 문명에 밀려 추방된 과거의 신들
본론 : 1. 현대 문명이 보여주는 경이로움에 현혹된 인간
2. 이성에 기초한 서구적 사고방식이 초래한 부작용
1) 인간은 문명의 노예로 전락했다.
2) 서구적 사고방식과 비서구적 사고방식 간에 잦은 충돌이 일어나고 있다.
3. 현대 문명에 대한 반성
1) (   )
2) 현대 기술 문명의 발전이 반드시 행복으로 이어지는 것은 아니다.
결론 : 감성을 중시하는 사상으로의 회귀

① 사물을 판단하기 위한 냉철한 이성이 필요하다.
② 사물을 선과 악으로 판단하는 서구적 사고방식에서 벗어나야 한다.
③ 감성적인 면을 중시하는 동양적 사고방식은 과학의 발전을 저해한다.
④ 인간은 이성에 따라 행동할 때 가장 사람다운 사람이 된다.
⑤ 현대 문명의 발전으로 개인주의적 사고방식이 많아진다.

정답 해설 본론 3은 이성에 기초한 현대 문명에 대해 반성하는 내용이 들어가야 한다. 따라서 서구적 사고방식을 비판하는 ②가 가장 적당하다.

정답 01 ②

02 제목 – TV 간접광고의 순기능과 역기능

서론 : TV 간접광고가 시청자와 매출에 미치는 영향

본론 : 1. TV 간접광고가 미치는 부정적인 영향

1) 드라마와 영화에 나오는 지나친 간접광고는 시청자를 짜증나게 한다.

2) 방송 내용이 광고에 종속될 수 있다.

2. TV 간접광고가 미치는 긍정적인 영향

1) 최근 일본과 중국에서 우리나라 드라마와 K–POP의 인기는 날로 상승하는 추세이며, 그 수익 또한 증가하고 있다.

2) (   )

결론 : TV 간접광고를 무조건 규제하기보다는 트렌드를 파악하여 순기능을 이용할 필요가 있다.

① TV 간접광고로 시청자들은 광고의 홍수 속에 빠지게 되었다.

② 드라마나 영화에 자연스럽게 녹아든 간접광고는 기업의 국제경쟁력을 높이고 해외시장 개척에 큰 도움을 주고 있다.

③ 간접광고의 매출규모는 지속적으로 성장하고 있다.

④ M 방송사에서 노래 대결을 펼치는 오디션 프로그램에서 자동차, 커피 등 뜬금없이 등장하는 간접광고 때문에 프로그램 이미지가 하락하고 있다.

⑤ TV 간접광고로 얻은 매출이익의 증대를 위해 허용범위를 규제해서는 안 된다.

정답 해설 우리나라 기업의 국제경쟁력 향상, 해외시장의 진출 등 TV 간접광고가 주는 긍정적인 영향에 대한 내용이 적절하다.

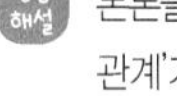

03 제목 – (   )

서론 : 환경 파괴 현상이 심화되고 있다.
본론 : 1. 인류는 물질적 풍요를 위해 자연 환경을 훼손한다.
2. 정신문화는 인간을 인간답게 하는 기본 요소이다.
3. 자연 환경은 인간성의 형성에 큰 영향을 준다.
4. 인간은 환경을 구성하는 요소이다.
5. 환경 파괴는 인간의 존속을 위태롭게 한다.
6. 환경 파괴는 인간성도 파괴한다.
결론 : 자연 환경을 보존하여 인간성을 회복하자.

① 경제 발전과 생태계
② 환경 파괴와 경제의 관계
③ 인간과 환경의 관계
④ 환경에 대한 인간의 책임
⑤ 자연을 통한 인간의 존엄성 회복

본론을 통해 인간과 환경의 관계가 밀접함을 알 수 있다. 따라서 전체 개요의 제목은 '인간과 환경의 관계'가 적절하다.

TIP 개요 작성의 절차

- 제목 붙이기
  - 글의 내용과 성격을 암시해야 한다.
  - 참신하고 인상적이어야 한다.
- 주제와 제목
  - 설명 · 논증의 글 : 주제와 제목이 일치해야 한다.
  - 기타 글의 제목 : 제재 또는 주제를 암시하는 어구로 정한다.
- 주제의 내용을 두 가지 이상 주요 논점(소주제)으로 나누어 대항목을 정하고, 대항목은 두 가지 이상의 종속적인 논점(하위 소주제)으로 나누어 중항목, 또는 소항목으로 정한다.

1DAY 2DAY 3DAY

정답 02 ② | 03 ③

[04~08] 다음 주어진 개요를 읽고 전개상 어울리지 않는 것을 고르시오.

총 문항 수 : 5문항 | 총 문제풀이 시간 : 5분 | 문항당 문제풀이 시간 : 1분

04 제목 – 매카시즘의 유래와 폐해

서론 : 매카시즘의 정의

본론 : 1. 매카시즘을 선도한 사람들

① 1) 우익 정치인, 공안기구, 군수산업, 백인 우월주의자 등의 주역들

② 2) 미국 내 공산주의자들

2. 매카시즘의 유래

1) 당시의 사회 상황

2) 미국 내 공산당에 대한 흑색선전

3. 매카시즘의 영향

③ 1) 지적 분위기의 위축

④ 2) 반공 사상의 검증으로 인한 실업자 발생

⑤ 3) 베트남전 개입

결론 : 매카시즘의 잔재와 그 영향력

정답해설 미국 내 공산주의자들은 매카시즘을 선도한 사람들이 아니라 오히려 매카시즘에 희생을 당한 사람들로 볼 수 있다.

이 문제 중요!

05 제목 - 무더기 창업의 그늘

서론 : 자영업자의 수는 증가했으나 상인들에게 실질적인 소득이 돌아가지 않는 '자영업 대란'이 이어지고 있다.

본론 : 1. 자영업 대란의 원인

① 1) 계속된 내수 불황은 자영업 대란을 가져왔다.

2) 재진입이 어려운 정규직 노동시장, 자영업 문화의 부재 등은 자영업 대란에 영향을 미친다.

2. 자영업 창업의 현황

1) 우리나라의 자영업자 비중은 IMF 이후 높아지고 있다.

② 2) 정규직으로 재취업하지 못한 명예퇴직자들이 자영업에 뛰어들고 있으나 결과는 좋지 않다.

③ 3. 정부의 근시안적 정책

④ 1) 정부는 IMF 이후 실업률의 통계상 감소에 주력하여 자영업의 창업을 위한 자금을 지원했다.

2) 창업 자금으로 대출을 갚지 못해 신용불량자가 증가했다.

4. 시대의 흐름을 거스르는 우리나라의 자영업

⑤ 1) 40대들은 주로 도소매업이나 음식숙박업 등의 서비스업 창업에 뛰어들고 있다.

2) 소득 수준의 향상과 정보화의 진전으로 사람들은 욕구를 충족시킬 수 있는 유명한 가게를 찾아다니지만 우리나라의 자영업은 아직도 제자리 걸음을 하고 있다.

결론 : 창업과 관련한 시류를 제대로 읽는 것이 중요하다.

시대의 흐름을 읽지 못하는 우리나라 자영업의 결과 또는 사례가 와야 하므로 ⑤는 알맞지 않다.

정답 04 ② | 05 ⑤

06 제목 – 서양 윤리의 현대적 의의

서론 : 서양 윤리의 특징

본론 : ① 1. 서양 윤리가 주는 교훈

② 1) 인간의 평등과 존엄성

③ 2) 인간의 존엄성 상실

2. 서구 문명에 대한 반성

④ 1) 자연 파괴와 환경오염

⑤ 2) 문명 간 갈등으로 인한 대립과 투쟁

결론 : 앞으로의 방향

 인간의 존엄성 상실은 서구 문명에 대한 반성과 관련한 내용이다.

07 제목 – 세계화의 덫

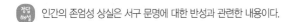

서론 : 현실성을 가지지 못하는 서구식 문명화

본론 : 1. 서구식 문명화 프로젝트로 인한 피해

① 1) 고도의 물질적 복지

② 2) 공정하지 못한 부의 분배

2. 20대 80의 사회

③ 1) 전 세계 무역량에서 볼 수 있는 20대 80의 법칙

④ 2) 천연자원 소비량에서 볼 수 있는 20대 80의 법칙

결론 : ⑤ 인류의 앞에 다다른 '지구촌의 한계'

 고도의 물질적 복지는 서구식 문명화 프로젝트로 인한 피해로 볼 수 없다.

이 문제 중요!

08 제목 – 청소년의 체력 증진 방안이 시급하게 요구된다.

서론 : 최근 청소년의 체력 저하가 심각한 문제가 되고 있다.

본론 : 1. 청소년 체력 저하의 원인

① 1) 입시위주의 교육에 따른 체육활동 감소

2) 과도한 서구형 식습관

3) 청소년 체력 저하 문제에 대한 인식 부족

2. 청소년 체력 저하 현상

1) 청소년의 골밀도 감소

2) 청소년의 체력장 기록 하락

3) 육류 위주의 식생활로 인한 청소년 비만 증가

3. 청소년 체력 강화를 위한 장기적인 대책 필요

② 1) 청소년 체육 시설 확충

③ 2) 체력 향상 프로그램 참여

④ 3) 규칙적인 운동 습관을 통한 체력 향상

⑤ 4) 수면 시간 연장을 위한 청소년 프로그램 개발

결론 : 청소년의 체력 향상을 위한 다양한 프로그램과 시설 확충이 시급하다.

수면 시간 연장을 위한 청소년 프로그램 개발은 청소년 체력 저하 현상을 해결하기 위한 장기적인 체력 강화 대책으로 적합하지 않다.

정답 06 ③ | 07 ① | 08 ⑤

[09~11] 다음 주어진 개요를 읽고 전개상 어울리지 않는 것을 보기에서 고르시오.

총 문항 수 : 3문항 | 총 문제풀이 시간 : 3분 | 문항당 문제풀이 시간 : 1분

09 제재 – 우리말 바로 세우기를 위한 주체적 태도 확립

서론 : 세계화의 추세 속에서 우리말의 운명
본론 : 1. 외래어와 외국어의 무차별 확산
2. 혼종어가 증가하는 현실과 그 이유
결론 : 우리말을 바로 세우기 위한 노력의 필요

① 외국어는 어릴 때부터 습득해야 제 나라 말처럼 사용할 수 있다.
② 요사이 우리 사회는 터진 봇물처럼 마구 흘러드는 외래어에 정신을 차리지 못할 지경이다.
③ 국제경쟁력을 키우기 위해서는 영어도 중요하지만 올바른 우리말부터 배워야 한다.
④ 무분별한 외래어의 남용은 세계화를 받아들이기 위한 첫 걸음이 아니라, 현재 국어가 당면한 과제이다.
⑤ 황소개구리의 황소울음 같은 소리에 익숙해져 청개구리의 소리를 잊어서는 안 된다.

정답해설 ①은 외국어 조기교육의 중요성을 말하고 있다.

이 문제 중요!

10 제목 – 고등동물인 인간의 특징

서론 : 인간의 본질적 특징
본론 : 1. 인간의 원초적 특징
1) 직립보행
2) 불의 사용
2. 인간의 고차원적 특징
1) 언어의 사용
2) 도구의 사용
3) 사회성
4) 문화성
결론 : 고등동물로서의 인간의 위치

① 사회구성원 각자는 그 사회의 문화형을 배움으로써 그 사회의 모든 구성원이 공유하는 행동양식을 습득하고, 이에 따라 행동한다.

② 인간은 이미 오랜 옛날부터 집단을 형성하였고, 그 구성원보다는 집단 자체가 생존경쟁의 단위였다.

③ 구달(Jane Goodall)은 탄자니아의 정글에 사는 침팬지가 나뭇잎을 씹어 물을 적실 스펀지를 만들고 벌레를 잡을 도구를 만들기 위해 가지에서 잎을 훑는 것을 발견했다.

④ 사회는 그 신참자들에게 문화형을 교육하고 지위를 줌으로써, 세대교체를 거듭해도 그 사회가 존속할 수 있도록 한다.

⑤ 인간의 언어는 동물의 그것과 같은 단순한 감탄사에 불과한 것이 아니라, 세분된 음성으로 의미 있는 단어들을 이룬다.

정답해설 ③은 동물도 인간과 마찬가지로 도구를 만들어 사용한다는 예로, 인간의 고차원적 특징인 도구의 사용과 어울리지 않는 내용이다.

11 제목 – 세계화의 의미

서론 : 세계화의 의미

본론 : 1. 경제영역의 세계화

2. 문화영역의 세계화

3. 사회영역의 세계화

결론 : 세계화에 필요한 우리의 자세

– 개방적 민족주의의 자세

– 다각적 세계화의 추구

① 각국의 문화 및 생활양식이 전 세계로 신속하게 퍼지고 있다.

② 서구와 일본의 대중문화는 선진문화이므로 적극 수용하여야 한다.

③ 세계화는 각국의 사회구조가 새롭게 재편되는 것이다.

④ 개방적 민족주의란 세계화 현상은 수용하되 국가 사이의 불평등은 거부하는 것을 말한다.

⑤ 세계화에 대한 적극적이고 다각적인 대응 전략이 모색되어야 한다.

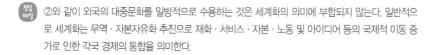

정답 해설 ②와 같이 외국의 대중문화를 일방적으로 수용하는 것은 세계화의 의미에 부합되지 않는다. 일반적으로 세계화는 무역 · 자본자유화 추진으로 재화 · 서비스 · 자본 · 노동 및 아이디어 등의 국제적 이동 증가로 인한 각국 경제의 통합을 의미한다.

기출유형분석

문제풀이 시간 : 1분

▶ 다음 지문의 진술방식으로 옳은 것을 고르시오.

자유란 인간의 특성 중의 하나로서 한 개인이 스스로 판단하고 행동하며 그 결과에 대해 책임질 수 있는 능력을 의미한다. 그러한 능력을 극대화하기 위해서는 개인이 사회적인 여러 제약들, 가령 정치적, 경제적 및 문화적 제도나 권위, 혹은 억압으로부터 어느 정도의 거리를 유지하지 않으면 안 된다. 그러나 그 거리가 확보되면 될수록 개인은 사회로부터 고립되고 소외당하며 동시에 안정성과 소속감을 위협받을 뿐만 아니라 새로운 도전에 적나라하게 노출될 수밖에 없다. 이와 같이 새롭게 나타난 고독감이나 소외감, 무력감이나 불안감으로부터 벗어나기 위해 '자유로부터의 도피'를 감행하게 된다.

① 원인 – 결과
② 보편 – 특수
③ 일반 – 사례
④ 주장 – 근거
⑤ 전제 – 주지

정답해설 억압으로부터 거리를 유지하는 이유와 고독감이나 소외감에서 벗어나기 위해 자유로부터의 도피를 감행하게 되는 이유를 서술하고 있으므로 원인과 결과에 해당한다. 자유에서의 능력을 극대화하기 위해 사회적 제약으로부터 어느 정도 거리를 두어야 하는 것이 원인이 되어 그 거리가 확보될수록 개인은 고립되고 소외당하며 안정성과 소속감을 위협받는다는 결과를 낳는다. 또한 고독감, 무력감 등에서 벗어나기 위해 자유로부터의 도피를 감행하므로 이것 역시 앞선 원인에 대한 결과이다.

오답해설 주지란 주장이 되는 요지를 말한다.

핵심정리 제시된 지문의 문장 간에 진술된 방식을 고르는 문제유형이다. 각 문장이 갖는 기능을 살피고 문장과 문장 간에 연결 관계를 파악하여 문제를 해결한다. 신문이나 책에 실린 사설을 읽고 글이 어떻게 논리적으로 진행되는지 분석하면 많은 도움이 되며 짧은 글일 경우에는 그 글을 그대로 따라 쓰면 논리적인 글쓰기 실력 향상에도 도움이 된다.

정답 ①

[01~05] 다음 물음에 알맞은 답을 고르시오.

총 문항 수 : 5문항 | 총 문제풀이 시간 : 5분 | 문항당 문제풀이 시간 : 1분

01 다음 지문의 진술방식으로 옳은 것은?

인공위성을 이용한 원격 측정 기술은 각종 전자파 센서를 이용하여 대기 중의 오염이나 수증기와 같은 구성물질의 전 지구적 분포를 측정하는 데 커다란 역할을 할 것이다. 미국은 적도를 따라 바다의 강수량을 측정할 수 있는 극초단파 감각장치를 장착한 인공위성을 쏘아 올릴 예정이고, 오존이나 수증기의 연직분포를 인공위성에서 측정할 수 있는 방법 역시 연구 개발 중이다. 우리나라 역시 과학 로켓 1호와 2호에 오존 측정기기를 장착하여 오존의 연직분포 측정에 성공하였으므로, 대기오염 측정기기나 기상 측정지지를 개발하여 인공위성에 장착할 날도 머지않았다.

① 주지 – 예시 – 부연
② 전제 – 상세화 – 주지
③ 전제 – 현실비판 – 대안제시
④ 일반적 진술 – 부연 – 전망
⑤ 도입 – 부연 – 대안제시

정답
해설 첫 번째 문장에서 인공위성을 이용한 측정 기술이 대기오염이나 구성물질의 전 지구적 분포를 측정하는 데 큰 기여를 할 것이라는 주지 문장이 제시된 후 미국의 예를 들어 앞 문장을 뒷받침하는 예시 문장이 이어지고 있다. 다음에는 우리나라도 인공위성을 이용해 대기오염이나 기상을 측정할 날이 머지않았을 것이라는 내용을 덧붙여 주지 문장을 부연하고 있다.

이 문제 중요!

02 다음 지문의 진술방식으로 옳은 것은?

'관용'으로 번역되는 똘레랑스가 모든 차이와 다양성을 조건 없이 받아들이는 것은 아니다. 똘레랑스가 정착하려면 차이의 질서뿐만 아니라 다른 것들의 평화적인 공존을 전제하는 유사성의 질서도 있어야 한다. 단순히 '차이'만을 존중할 경우 폭력적인 행위마저 인정하는 위험에 빠질 수 있기 때문이다.

① 전제 – 예시 – 전환
② 도입 – 주지 – 상술
③ 전환 – 전제 – 발전
④ 도입 – 전제 – 주지
⑤ 전제 – 주지 – 부연

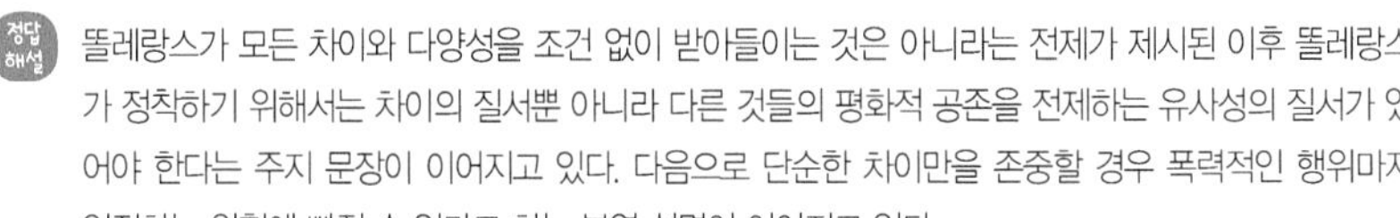

정답해설 똘레랑스가 모든 차이와 다양성을 조건 없이 받아들이는 것은 아니라는 전제가 제시된 이후 똘레랑스가 정착하기 위해서는 차이의 질서뿐 아니라 다른 것들의 평화적 공존을 전제하는 유사성의 질서가 있어야 한다는 주지 문장이 이어지고 있다. 다음으로 단순한 차이만을 존중할 경우 폭력적인 행위마저 인정하는 위험에 빠질 수 있다고 하는 부연 설명이 이어지고 있다.

TIP 문장 및 문단 간의 관계 파악하기

- 문장 또는 문단을 글의 구성단위로 보았을 때, 그것이 주어진 글에서 어떤 기능을 갖는지 살핀다.
- 부연, 예시, 상술, 전환 등 문장 또는 문단 간의 관계를 알기 위해서는 글의 구조화가 필요하다.
- 주제문이나 중심 문장을 찾아 다른 문장들과 관계를 살피며, 연결 관계를 파악해야 구조화가 가능하다.

이 문제 중요!

03 **다음 지문을 하나의 논증으로 간주할 때, 논증구조를 바르게 분석한 것은?**

㉠ 민중오락의 기원을 유년기의 놀이와 모방에서 찾지 않고 신들림에서 나온 것이라고 하여 샤머니즘에 그 기원을 두기도 한다.

㉡ 우리의 무속에서도 지금껏 한강 이북의 강신무들은 작두를 타며, 물동이 변죽을 타고 공수를 준다.

㉢ 경기 도당굿에서는 전에는 줄광대가 줄을 타고 재담을 하였다.

㉣ 굿에서 노는 이와 같은 잡희(기기 곡예적 요소)가 대륙에서 전래한 산악백희의 영향을 받기 전에 자생한 가무백희의 기원을 말해 주는 것이지만, 탈놀이도 위에서 보아온 마을굿에서 기원을 찾는 의견이 제시되고 있다.

㉤ 동해안 별신굿에서 노는 도둑잡기놀이, 경기 도당굿의 산이(남무)들의 놀이 등에서 놀이로의 진화를 보여주는 맹아를 찾을 수 있다.

① ㉠과 ㉡은 ㉢의 일반적 진술이다.

② ㉡은 ㉠의 예시가 된다.

③ ㉣은 ㉤의 이유 제시이다.

④ 주제문은 ㉤이다.

⑤ ㉢은 ㉠과 ㉣의 일반적 진술이다.

정답 해설 ㉡과 ㉢은 ㉠의 예시에 해당하고, ㉠은 ㉡과 ㉢의 일반적 진술이 된다.

이 문제 중요!

04 다음 지문을 하나의 논증으로 간주할 때, 논증구조를 바르게 분석한 것은?

㉠ 오늘날 여성의 상품화는 다양한 방식으로 행해진다.
㉡ 대중문화의 흥행은 여성의 몸을 시각적으로 상품화하는 전략에 좌우되는 경우가 많으며, 성매매는 성적 존재로서의 여성을 상품화하는 것이다.
㉢ 여성의 모성적 육체의 일부인 태반은 산모의 동의 없이 모성적 기능과는 별개인 미용식품이나 건강식품으로 둔갑하기도 한다.
㉣ 여러 문화의 경우 결혼시장에서 신부들은 관행에 따라 상품처럼 취급되고 있으며, 상품과 직접 관련이 없음에도 불구하고 상품판매라는 서비스의 일부로 몸을 전시하고 사용하도록 고용된 여직원들의 몸은 소비자에게 제공되는 서비스 상품의 일부가 된다.
㉤ 상품화의 논리에 직접 연관되지 않은 것처럼 보이는 평범한 여성의 몸도 결코 자유로울 수 없다.
㉥ 특정한 소비성향을 통해서 건강한 몸을 가질 수 있을 것이라는 잘못된 믿음이나 마른 몸매에 대한 병적인 선망, 바람직한 여성의 성격이나 자세 등에 대한 뿌리 깊은 편견들은 여성의 특정한 몸의 이미지에 대한 대중적 강박증과 관련이 있는데, 이러한 강박증은 기호나 취향 등의 명분 속에 잘 가려진 채로 여성들의 생활 속에, 여성의 몸 위에 각인되는 것이다.
㉦ 이처럼 다양한 방식으로 여성은 타의에 의해 상품으로 대상화되기도 하지만 스스로를 상품화하기도 한다.

① ㉠은 ㉡의 근거이다.
② ㉡, ㉢, ㉣은 ㉤의 반증이다.
③ ㉤은 ㉠의 부연이다.
④ ㉦은 ㉠의 원인이다.
⑤ ㉥은 ㉣의 예시이다.

정답 해설 ㉡, ㉢, ㉣은 ㉠의 예시이고, ㉤은 ㉠의 부연이며, ㉥은 ㉤의 부연이다.

05 다음 지문을 하나의 논증으로 간주할 때, 논증구조를 바르게 분석한 것은?

㉠ 한민족의 전통은 고유한 것이다. 그러나 고유하다, 고유하지 않다 하는 것도 상대적인 개념이다.

㉡ 어느 민족의 어느 사상도 완전히 동일한 것이 없다는 점에서 모두가 고유하다고 할 수 있다.

㉢ 한 나라의 종교나 사상이 정치제도가 다른 나라에 도입된다 하더라도 꼭 동일한 양상으로 발전되는 법은 없으며, 문화 · 예술은 물론이고 과학기술조차도 완전히 동일한 발전을 한다고는 볼 수 없다.

㉣ 이런 점에서 조상으로부터 물려받은 유산은 모두 고유하다고 할 수 있다.

㉤ 그러나 한 민족이 창조하고 계승한 문화 · 관습 · 물건이 완전히 고유하여 다른 민족의 문화 내지 전통과 유사점을 전혀 찾을 수가 없고, 상호의 영향이 전혀 없다고 말할 수 있을 만큼 독특한 것은 원시시대의 몇몇 관습 외에는 없다고 할 것이다.

① ㉠은 ㉡의 근거이다.
② ㉡은 ㉢의 근거이다.
③ ㉢은 ㉣의 근거이다.
④ ㉣은 ㉡의 근거이다.
⑤ ㉣은 ㉤의 근거이다.

정답해설 ㉣의 내용은 ㉢의 내용을 토대로 하여 도출된 것이므로, ㉢은 ㉣의 근거라 할 수 있다.

소요시간		채점결과	
목표시간	22분	총 문항수	22문항
실제 소요시간	( )분 ( )초	맞은 문항 수	( )문항
초과시간	( )분 ( )초	틀린 문항 수	( )문항

기출유형분석

문제풀이 시간 : 1분

▶ 다음 문장들을 순서대로 나열한 것을 고르시오.

가. 그리고 성취동기란, 어떤 훌륭한 일을 이루어보겠다는 내적 의욕이라고 말할 수 있다.
나. 그런데 많은 연구들은, 성취인이 높은 성취동기를 가지고 있다는 사실을 밝히고 있어, 최근에 와서는 성취동기가 강한 사람도 성취인이라고 한다.
다. 성취인이란, 각계에서 훌륭하고 비범한 업적을 이룩한 사람을 말한다.
라. 물론 이것은 한낱 소박하고 피상적인 정의임을 면하지 못한다.

① 다－가－나－라
② 다－나－가－라
③ 다－나－라－가
④ 다－라－가－나
⑤ 다－라－나－가

정답해설 (다) '성취인'의 일반적인 개념을 설명하면서 화두를 제시하였다.
(나) 최근에 와서 '성취인'의 개념이 확장되었음을 밝히고 있다.
(가) (나)에서 설명한 확장된 '성취인'의 개념과 관련하여 성취동기가 무엇인지에 대해 설명하고 있다.
(라) '물론'이라는 접속사를 사용하여 이것이 소박하고 피상적인 정의라는 점을 제시하며 글을 마무리하고 있다.

문장과 문단관계

주종관계	상하관계	상하 : 하위개념을 들어 상위개념을 구체화한다.
		부연 : 상술한 내용을 다시 설명한다.
		예시 : 예를 들어 주지를 설명한다.
		요약 : 앞의 내용을 간단히 줄인다.
	인과관계	• 원인/근거를 들어 결과/주장을 내세운다. • 결과/주장을 말한 다음 원인/근거를 밝힌다.
	대립관계	앞의 내용과 상반되는 내용을 말한다.
대등관계	첨가관계	앞의 내용과 유사한 내용을 덧붙여 설명한다.
	환언관계	앞의 내용을 표현을 바꾸어 말한다.
	전환관계	앞의 화제와 다른 화제로 말한다.

정답 ②

[01~05] 다음 문장들을 순서대로 나열한 것을 고르시오.

총 문항 수 : 5문항 | 총 문제풀이 시간 : 5분 | 문항당 문제풀이 시간 : 1분

01

가. 인간은 성장 과정에서 자기 문화에 익숙해지기 때문에 어떤 제도나 관념을 아주 오래 전부터 지속되어 온 것으로 여긴다.

나. 그러나 이런 생각은 전통의 시대적 배경 및 사회 문화적 의미를 제대로 파악하지 못하게 하는 결과를 초래한다.

다. 여기에 과거의 문화를 오늘날과는 또 다른 문화로 보아야 할 필요성이 생긴다.

라. 나아가 그것을 전통이라는 이름 아래 자기 문화의 본질적인 특성으로 믿기도 한다.

① 가 – 나 – 다 – 라 ② 가 – 라 – 나 – 다
③ 나 – 다 – 가 – 라 ④ 다 – 라 – 가 – 나
⑤ 다 – 라 – 나 – 가

(가) 화제를 제시하는 문장이다.
(라) '그것'은 인간이 오래전부터 지속되어 왔다고 여기는 '제도나 관념'을 지칭한다.
(나) (가)와 (라)에 나타난 인간의 생각이 초래하는 결과이다.
(다) '여기에'는 (나)에서 초래된 결과를 말한다.

02

가. 서로의 의견이 충돌할 때에는 토론을 통하여 생각의 차이를 확인하고 그 차이를 좁혀 더 합리적이고 수용 가능한 방향으로 합의해 나가는 것이 바람직하다.

나. 이때 생각의 차이를 이해하는 것도 문제의 해결책을 탐색하는 한 과정이 될 수 있다.

다. 그러나 각자의 전제가 달라 서로 다른 주장을 한다면 근본적으로 그 차이를 좁히기 어렵다.

라. '해결(解決)'이란 제기된 문제를 해명하거나 얽힘을 해소하는 것을 말한다.

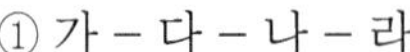

① 가 – 다 – 나 – 라
② 가 – 라 – 나 – 다
③ 라 – 나 – 가 – 다
④ 라 – 가 – 다 – 나
⑤ 라 – 가 – 나 – 다

제시된 문장은 '해결(解決)'의 정의와 의견 충돌 상황에서의 해결 방법에 대한 내용이다.

(라) '해결(解決)'에 대해 정의를 내린 문장이다.
(가) 서로의 의견이 충돌하는 상황을 해결하는 방법이 제시되어 있다.
(다) 서로의 의견이 충돌할 때 전제가 다르면 근본적으로 의견의 차이를 좁히기 어렵다.
(나) 상대방과 근본적으로 의견의 차이를 좁히기 어려운 상황에서의 해결 방법은 '생각의 차이'를 이해하는 것이다.

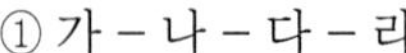

03

가. 매일 집 앞을 깨끗하게 청소해 놓는다면, 이로 인해 이웃 주민들은 깨끗한 길거리를 기분 좋게 걸을 수 있을 것이다.

나. 외부효과에는 부정적인 것도 있지만, 긍정적인 것도 있다.

다. 또한 새로 생긴 꽃집에서 매일 향기 그윽한 꽃들을 진열해 놓는다면 그 길을 다니는 사람들은 아무런 대가를 지불하지 않고 향기를 맡을 수 있다.

라. 이처럼 다른 사람에게 의도하지 않은 혜택을 주는 외부효과를 '긍정적 외부효과'라고 한다.

① 가 – 나 – 다 – 라
② 가 – 다 – 나 – 라
③ 나 – 가 – 다 – 라
④ 나 – 다 – 가 – 라
⑤ 다 – 가 – 나 – 라

(나) 외부효과에 긍정적인 측면이 있음을 제시하고 있다.
(가) 외부효과의 긍정적인 측면에 해당하는 사례이다.
(다) '또한'의 접속사를 통해 외부효과의 긍정적인 측면을 덧붙여 설명하고 있다.
(라) 앞에서 설명한 내용에 대하여 다시 한 번 용어를 정리하고 있으므로, 마지막에 와야 할 문장이다.

04

가. 작가는 외부 사물의 묘사로 복잡한 심리 상태를 암시하기도 하고, 예상하지 못했던 극적인 반전으로 우리를 당황하게 하기도 한다.

나. 소설 읽기는 삶의 의미를 발견하기 위한 일종의 여행으로, 우리를 안내하는 작가는 여러 가지 방법으로 우리의 여행을 돕는다.

다. 그는 상황을 요약하여 제시해 줌으로써 우리의 수고를 덜어 주기도 하고, 개념적인 언어로 자신의 사상을 직접 피력하기도 한다.

라. 그러나 집을 떠난 여행이 그렇듯이 소설을 읽는 여정 역시 순조롭지만은 않다.

① 나 – 다 – 라 – 가
② 나 – 라 – 가 – 다
③ 다 – 가 – 라 – 나
④ 다 – 나 – 라 – 가
⑤ 다 – 라 – 나 – 가

정답 해설

(나) 소설 읽기를 여행에, 작가는 여행을 안내하는 사람에 빗대어 표현하고 있다.
(다) 여행의 안내자인 작가의 역할에 대해 설명하고 있다.
(라) 소설을 읽는 여정에 어려움도 있음을 제시하고 있다.
(가) 앞서 말한 어려움에 대해 구체적으로 설명하고 있다.

이 문제 중요!

05

가. 그러나 컴퓨터의 기능은 복잡하기는 하더라도 궁극은 공식에 따라 진행되는 수리적, 논리적인 여러 조작의 집적으로 이루어진다.

나. 지나치게 컴퓨터에 의존하거나 중독되는 일은 이런 발산적 사고의 퇴화(退化)를 가져올 수 있다.

다. 심리학에서는 컴퓨터처럼 공식에 따르는 정신 기능을 '수렴적 사고'라 하고, 이에 비해 인간이 이루어 내는 종합적 사고를 '발산적 사고'라 한다.

라. 컴퓨터는 처리할 수 있는 정보의 양과 속도 면에서는 인간의 능력을 훨씬 뛰어넘는다.

마. 이러한 지능은 컴퓨터에는 없다.

바. 공식에 따르지 않는 지적, 정신적 기능은 컴퓨터에는 있을 수 없다.

사. 발산적 사고는 과학, 문학, 예술, 철학 등에서도 아주 중요한 지적 기능이다.

아. 컴퓨터가 아무리 발달한다 해도 컴퓨터가 「죄와 벌」과 같은 문학 작품을 써 낼 수는 없다.

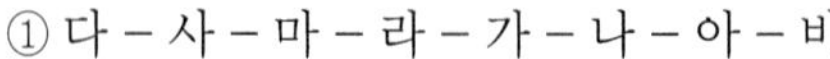
① 다 – 사 – 마 – 라 – 가 – 나 – 아 – 바

② 다 – 사 – 아 – 마 – 나 – 라 – 가 – 바

③ 라 – 가 – 바 – 다 – 사 – 마 – 아 – 나

④ 라 – 바 – 가 – 다 – 사 – 아 – 마 – 나

⑤ 바 – 가 – 라 – 아 – 마 – 나 – 사 – 다

정답해설

(라) 처리하는 정보의 양과 속도 면에서 컴퓨터가 인간보다 뛰어남을 언급하고 있다.

(가) 그러한 컴퓨터는 공식에 따라 진행되는 수리적, 논리적인 여러 조작의 집적으로 이루어짐을 말하고 있다.

(바) 컴퓨터는 반드시 공식에 따라 작동됨을 말하고 있다.

(다) 컴퓨터와 같이 공식에 따르는 정신적 기능을 '수렴적 사고', 인간의 종합적 사고를 '발산적 사고'라 정의하고 있다.

(사) 인간의 사고인 발산적 사고의 기능에 대해 말하고 있다.

(마) 발산적 기능은 컴퓨터에는 없다고 말하고 있다.

(아) 컴퓨터가 발산적 기능을 할 수 없는 이유를 설명하고 있다.

(나) 컴퓨터에 대한 지나친 의존은 발산적 사고의 퇴화를 가져올 수 있음을 경고하고 있다.

[06~09] 다음 지문의 바로 뒤에 이어질 내용으로 알맞은 것을 고르시오.

총 문항 수 : 4문항 | 총 문제풀이 시간 : 4분 | 문항당 문제풀이 시간 : 1분

06

자본주의 초기에는 기업이 단기이익과 장기이익을 구별하여 추구할 필요가 없었다. 소자본끼리의 자유 경쟁 상태에서는 단기든 장기든 이익을 포기하는 순간에 경쟁에서 탈락하기 때문이다. 그에 따라 기업은 치열한 경쟁에서 살아남기 위해 주어진 자원을 최대한 효율적으로 활용하여 가장 저렴한 가격으로 상품을 공급하게 되었다. 이는 기업의 이익 추구가 결과적으로 사회 전체의 이익도 증진시켰다는 의미이다. 이 단계에서는 기업의 소유자가 곧 경영자였기 때문에 기업의 목적은 자본가의 이익을 추구하는 것으로 집중되었다.

① 기업이 장기적으로 성장하기 위해서는 장기이익을 추구해야 한다.
② 오늘날의 기업은 경제적 이익만이 아닌 사회적인 이익도 동시에 추구해야 한다.
③ 기업의 장기이익은 기업이 다원사회의 구성원이 되어 장기적으로 생존하느냐 마느냐에 달려있다.
④ 기업의 장기이익은 그 기업이 얼마만큼 단기적 손해를 감수하느냐에 달려있다.
⑤ 기업의 규모가 커지고 소유와 경영이 분리됨에 따라 기업은 단기이익과 장기이익 사이에서 갈등을 겪게 되었다.

정답 해설 지문은 자본주의 초기에 관한 설명이므로 그 다음 단계, 즉 기업의 소유자와 경영자가 더 이상 동일한 의미가 될 수 없다는 내용이 지문의 뒤에 이어지는 것이 알맞다.

1DAY | 2DAY | 3DAY

이 문제 중요!

07

우리는 일상 어디에서나 타일을 쉽게 볼 수 있다. 정사각형 타일이 깔린 바닥은 건물에서 흔히 볼 수 있고 가끔은 독특한 모양의 타일을 깔아 한껏 멋을 낸 길을 걷기도 한다. 면에 빈틈없이 타일을 까는 과정을 타일링(tiling)이라고 한다. 타일링을 인테리어 장식의 하나라고 넘겨 버릴 수도 있지만 여기에는 수학적 원리가 숨어 있다.

수학적으로 정의하면 타일링은 평면에 겹치지 않고 빈자리가 생기지 않게 배치한 도형의 집합이다. 타일링의 종류는 무수히 많다. 아무 도형이나 겹치지만 않게 바닥에 깐 뒤 빈자리가 있을 경우 거기에 맞는 도형을 만들어 끼워 넣으면 되기 때문이다. 하지만 아무런 조건이 없는 타일링은 미적으로도 가치가 떨어지고 수학의 측면에서도 의미가 없다.

① 수학의 관점에서 타일링은 2차원뿐 아니라 모든 공간에 적용될 수 있다.

② 수학자들은 다양한 조건을 만들어 이를 충족하는 타일링을 찾고 거기에서 어떤 법칙을 이끌어 냈다.

③ 동일한 정다각형으로만 만들 수 있는 타일링, 즉 '규칙적인 타일링'은 정삼각형, 정사각형, 정육각형 세 가지뿐이다.

④ 요하네스 케플러는 아르키메데스 타일링이 모두 11가지라고 증명했다.

⑤ 가장 쉽게 떠올릴 수 있는 3차원 타일링은 정육각형 구조로 되어 있는 '벌집'이다.

정답 해설 지문은 타일링에 대해 설명하면서 타일링에 숨어 있는 수학적 원리에 대해 소개하려 하고 있다. 특히 마지막 문장에서 아무런 조건 없는 타일링은 수학의 측면에서 의미가 없다고 했으므로, 다음에 이어지는 내용으로는 수학적으로 의미가 있는 조건의 타일링을 찾는 것과 관련된 내용이 알맞다.

08

눈은 인간이 그 육체 속에 가지고 있는 유일한 영혼의 창문이다. 눈은 외부로부터 자기의 영혼을 넘어다보게 하는 유일한 창문인 동시에, 자기의 영혼이 모든 외부를 바라다볼 수 있는 유일한 창문이기도 하다. 자기와 외부와의 일체의 교류는 이 눈이라는 창문을 통해서만 행하여진다. 그러므로 사람은 눈이 밝아야 한다. 광명 속에서도 암흑을 볼 줄 알아야 하고, 암흑 속에서도 광명을 볼 줄 알아야 한다. 그리고 가까운 것과 한가지로 먼 곳을 볼 수 있어야 한다. 그러나 사람의 눈처럼 그 시력의 성질에 차이가 많은 것도 없다.

① 눈은 코앞에 있는 이해관계밖에 보지 못하지만 천 년 후의 인생을 볼 수도 있다.
② 말은 인간의 감정을 전달해 줄 수 있지만 결코 눈처럼 진실하지는 않다.
③ 눈은 무언(無言)의 언어이며, 설명을 초월해 있기 때문에 가장 정확한 언어가 된다.
④ 입은 인간의 희로애락을 표현해 주는 중요한 기관이지만, 그 미묘함을 나타내는 것은 눈이다.
⑤ 눈은 예지력을 가진 유일한 기관이기 때문에 시력을 상실하면 미래에 대한 판단력이 흐릿해진다.

정답해설 ① 지문의 마지막 부분에서 사람의 눈은 그 시력의 성질에 있어 차이가 많다고 했으므로, 이러한 시력의 성질에서의 차이를 보여주는 ①의 내용이 자연스럽게 이어질 수 있다.
② 눈의 진실성을 말과 비교하여 설명한 것이므로 내용상 지문의 내용에 바로 연결되지 않는다.
③, ④ 무언의 언어에 관한 내용으로 지문에 바로 이어지기는 어렵다.

이 문제 중요!

09

듀이 십진분류법(DDC)은 현재 세계에서 가장 많이 사용되는 분류표로서 우리나라의 많은 도서관 역시 이 방법을 도입하고 있다. 이 분류표가 널리 사용되고 있는 이유는 장점이 많기 때문일 것이다. 그러나 DDC는 단점 또한 적지 않다. 그 중에서 가장 큰 문제점의 하나는 이 분류표가 기독교와 앵글로색슨 문화권에 편향되어 있어서 그 이외의 국가에서 사용하는 데 불편하다는 점이다. 특히 DDC의 종교류(200)는 10개의 항목 중에서 220~280까지 7개를 기독교에 배정하여 기독교 중심성을 여실히 보여주고 있다. 한편 이와 같은 비판에 따라, DDC의 종교류에서 기독교 이외의 종교를 강조하고자 할 때 특별히 강조하고자 하는 특정 종교에 우위를 둘 수 있도록 하는 임의규정들을 마련하고 있다. 그러나 기본적으로 이 임의규정들은 모두 하나의 종교만이 중요시되는 경우에 대비한 것이다. 그러므로 어떤 특정의 국교(國敎)가 있거나 국민의 대다수가 한 종류의 종교만을 가진 국가, 그리하여 한 종교의 자료가 도서관 장서의 대부분을 차지하는 국가의 경우에는 아주 유익하게 활용될 수 있을 것이다. 그러나 한국과 같이, 다수의 종교가 다양하게 존재하는 국가의 경우는 이 임의규정이 크게 도움이 되지 못한다. 따라서 국내의 많은 도서관에서는 자체적으로 DDC 종교류를 재전개하여 사용하는 사례가 많이 나타나고 있다. 또한 여러 종교가 공존하는 나라들이 적지 않다는 점에서 이와 같은 문제는 우리나라만의 문제는 아닐 것이다.

① 우리나라와 같이 한 국가 안에 여러 종교가 섞여 있는 국가에서 공통적으로 채택할 수 있는 임의규정을 DDC 종교류(200)에 추가로 설정해야 한다.

② DDC 종교류(200)에 현재 설정되어 있는 임의규정은 무용지물에 불과하므로 폐지하는 것이 옳다.

③ DDC는 우리나라에 적합하지 않은 분류표이므로 추가적인 개선이 이루어질 때까지 채택을 미루어야 한다.

④ 도서관에서 자체적으로 DDC 전체를 재전개하여 사용하는 것은 바람직한 현상이므로 이를 적극 권장해야 한다.

⑤ 우리나라에서 DDC를 채택할 때에는 DDC의 종교류(200)를 제외한 다른 주제에만 사용하는 것이 옳다.

DDC 종교류를 재전개하여 사용한다는 부분이나 우리나라만의 문제가 아니라는 부분 등에 주목하면 쉽게 답을 찾을 수 있다. DDC 종교류를 자체적으로 재전개하여 사용하고 있으므로 채택을 미루는 등의 내용보다는 임의규정의 추가설정 쪽이 문맥상 알맞다.

단락의 구조

- 두괄식 단락
  - 구성 : 소주제문 + 뒷받침 문장들
  - 단락의 첫머리에 핵심 내용을 제시하고, 그 다음에 그런 생각에 이르게 된 과정을 제시하고 구체적으로 뒷받침하는 짜임새이다.
  - 논의의 핵심을 맨 앞에 제시함으로써 읽는 이의 관심을 집중시킬 수 있어서 효과적이다.
- 미괄식 단락
  - 구성 : 뒷받침 문장들 + 소주제문
  - 소주제문의 내용을 이끌어 내는 과정을 차례로 보인 다음에 마지막으로 소주제문을 제시하는 짜임새이다.
  - 이런 단락 형식은 단락의 맨 끝에서 앞의 진술 내용을 요약하는 형태로 소주제를 강조하는 효과가 있다.
- 쌍괄식(양괄식) 단락
  - 구성 : 소주제문 + 뒷받침 문장들 + 소주제문
  - 단락의 첫머리와 끝에 소주제문을 제시함으로써 논의의 핵심을 처음부터 명백히 한 후 이를 다시 끝 부분에서 강조하는 짜임새이다.

정답 09 ①

[10~11] 다음 지문을 읽고 빈칸에 들어갈 내용으로 알맞은 것을 고르시오.

총 문항 수 : 2문항 | 총 문제풀이 시간 : 2분 | 문항당 문제풀이 시간 : 1분

10

편견과 개념적 체계는 모두 역사 인식의 과정에 영향을 미친다. 하지만 그 영향력이 같은 차원에서 작용하는 것일까? 그렇지는 않다. 편견은 어떤 합리적 근거를 가지지 못한 견해이기 때문에 객관적인 진리획득을 방해하는 심각한 장애물이 된다. 그것은 사실의 인식을 왜곡시킨다. 따라서 역사학이 객관성을 추구하는 한 편견은 배제해야 할 대상인 것이다. 그러나 합리적 근거를 가지고 있는 개념적 체계는 사실의 특정한 측면이 우리에게 드러나도록 한다. 이는 인식의 왜곡이라기 보다는 인식의 제한이라고 보는 것이 옳다. (　　　　　　　　　　　　　　　　　　)

① 그러므로 역사학을 비롯한 모든 학문을 개념적 체계의 시선을 통해 바라봐야 하는 것이다.

② 왜냐하면 우리가 하려고만 든다면 언제든지 인식의 틀을 깨고 나올 수 있기 때문이다.

③ 그래서 역사학은 개념적 체계가 초래하는 주관의 작용으로부터 벗어나야 한다.

④ 그러므로 편견은 배제되어야 할 것이지만, 개념적 체계는 유지되어야 할 주관적 요인이다.

⑤ 그럼에도 불구하고 역사학은 편견에서 벗어날 수 없기 때문이다.

정답 해설 개념적 체계를 설명하면서 사용한 '그러나'라는 접속사로 미루어보아 편견과는 달리 개념적 체계에 대한 필자의 생각은 긍정적이다. 그러나 문맥상 ①이나 ②의 내용은 어울리지 않는다.

11

힐링(Healing)은 사회적 압박과 스트레스 등으로 손상된 몸과 마음을 치유하는 방법을 포괄적으로 일컫는 말이다. 우리보다 먼저 힐링이 정착된 서구에서는 질병 치유의 대체 요법 또는 영적 · 심리적 치료 요법 등을 지칭하고 있다. 국내에서도 최근 힐링과 관련된 갖가지 상품이 유행하고 있다. 간단한 인터넷 검색을 통해 수천 가지의 상품을 확인할 수 있을 정도다. 종교적 명상, 자연 요법, 운동 요법 등 다양한 형태의 힐링 상품이 존재한다. 심지어 고가의 힐링 여행이나 힐링 주택 등의 상품들도 나오고 있다. 그러나 (　　　　　　　　　　) 우선 명상이나 기도 등을 통해 내면에 눈뜨고, 필라테스나 요가를 통해 육체적 건강을 회복하여 자신감을 얻는 것부터 출발할 수 있다.

① 의학적인 검사와 진단을 받는 것이 필요하다.
② 자신을 진정으로 사랑하는 법을 알아야 할 것이다.
③ 힐링이 먼저 정착된 서구의 힐링 상품들을 참고해야 할 것이다.
④ 이러한 상품들의 값이 터무니없이 비싸다고 느껴지지는 않을 것이다.
⑤ 많은 돈을 들이지 않고서도 쉽게 할 수 있는 일부터 찾는 것이 좋을 것이다.

정답 해설 빈칸에 들어갈 문장을 찾기 위해서는 빈칸의 앞뒤 문맥을 잘 살펴야 한다. 빈칸을 기준으로 앞부분에서는 '힐링(Healing)'에 대해 정의하고, 국내에서 유행하고 있는 다양한 힐링 상품에 대해 소개하며 고가의 힐링 상품들이 나오고 있다고 언급하였다. 그러나 뒷부분에는 내면에 눈 뜨고 육체적 건강을 회복하는 것이 먼저라는 내용이 있으므로, 괄호 안에는 앞서 언급한 고가의 힐링 상품에 대한 부정적인 내용이 들어가야 할 것이다. 따라서 적절한 문장은 ⑤이다.

[12~15] 다음 지문을 읽고 내용상 어울리지 않는 문장을 고르시오.

총 문항 수 : 4문항 | 총 문제풀이 시간 : 4분 | 문항당 문제풀이 시간 : 1분

12

㉠ 대원군이 살아 돌아온다 하더라도 더 이상 타 문명의 유입을 막을 길은 없다. ㉡ 어떤 문명들은 만났을 때 충돌을 면치 못할 것이고, 어떤 것들은 평화롭게 공존하게 될 것이다. ㉢ 결코 일반화할 수 있는 문제는 아니지만, 스스로 아끼지 못한 문명은 외래문명에 텃밭을 빼앗길 수밖에 없다. ㉣ 바람직한 미래상을 그리는 데 있어서, 우리가 완전히 백지상태를 출발점으로 삼기는 어렵다. ㉤ 내가 당당해야 남을 수용할 수 있다.

① ㉠ ② ㉡

③ ㉢ ④ ㉣

⑤ ㉤

지문은 외래문명의 도입으로 말미암은 우리 문명의 위기와 우리의 대처방안에 대해 말하고 있다. 그러므로 ㉣은 글의 전체적인 내용과는 연관이 없다.

이 문제 중요!

13

㉠ 남극의 표층에 쌓인 눈은 내리는 눈에 계속 덮이면서 점점 깊이 매몰되고 그에 따라 눈의 밀도는 점차 증가한다. ㉡ 일정한 깊이에 이르면 상부에 쌓인 눈이 가하는 압력 때문에 하부의 눈은 얼음으로 변형된다. ㉢ 이때 눈 입자들 사이에 들어 있는 공기가 얼음 속에 갇히게 되고, 얼음이 두꺼워지면서 상부의 얼음이 가하는 압력이 증가하게 되면 클라트레이트 수화물이 형성된다. ㉣ 이 속의 기포들은 당시 대기의 기체 성분을 그대로 가지게 된다. ㉤ 남극 빙하를 구성하는 물 분자들의 산소 동위원소비는 눈으로 내릴 당시의 기온 변화에 따라 증가하거나 감소하며 여름과 겨울 사이에 뚜렷한 차이를 보이는데, 그 증감은 일 년의 주기를 갖는다.

① ㉠
② ㉡
③ ㉢
④ ㉣
⑤ ㉤

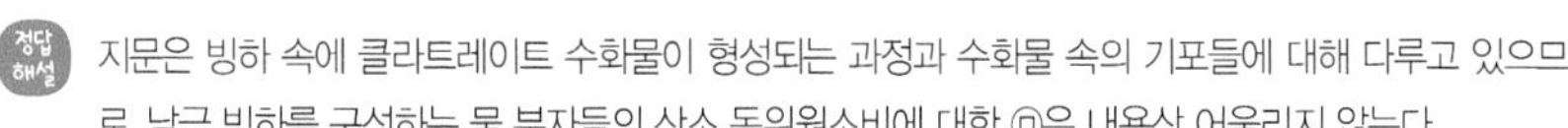
정답해설 지문은 빙하 속에 클라트레이트 수화물이 형성되는 과정과 수화물 속의 기포들에 대해 다루고 있으므로, 남극 빙하를 구성하는 물 분자들의 산소 동위원소비에 대한 ㉤은 내용상 어울리지 않는다.

14

㉠ 사람은 귀보다 눈을 통하여 많은 값진 정보를 얻는다. ㉡ '백문(百聞)이 불여일견(不如一見)'이라는 말이 더 이상 들어맞지 않게 되어버린 것이다. ㉢ 텔레비전으로 본 것은 라디오를 통해 들은 것과는 비교도 안 될 만큼 오래도록 생생하게 남아 있다. ㉣ 또한 귀로 들을 때에는 잘 모르거나 불확실한 일이라도 눈으로 직접 확인하고 볼 때에는 명확한 지식으로 간직된다. ㉤ 더구나 귀로 들을 경우에는 전해주는 사람의 주관이나 악의가 개입되어 정확한 정보가 손상되는 일도 있을 수 있으나, 눈으로 보는 경우에는 그럴 염려가 거의 없다.

① ㉠ ② ㉡
③ ㉢ ④ ㉣
⑤ ㉤

제시된 지문은 귀로 듣는 것보다 눈을 통해 보는 것이 더 낫다는 내용이다. 즉, 귀보다 눈을 통해 더 많은 정보를 얻을 수 있고, 더 생생하고 명확하게 기억되며, 보다 객관적이고 정확하다는 것이다. 이것은 '백문(百聞)이 불여일견(不如一見)'이라는 표현과 어울릴 수 있는데, ㉡에서는 이러한 말이 더 이상 들어맞지 않게 되었다고 했으므로 글 전체의 흐름과 어울리지 않는다.

15

㉠ 우리 조상들은 예로부터 교통로 변에 살터를 잡는 것을 꺼렸다. ㉡ 물가에 사는 사람은 상놈이기 쉽고 길가에 사는 사람도 상놈 대접을 받기 십상이었다. ㉢ 우리의 길은 '통로', '방향'을 뜻함과 동시에 '이성', '도덕' 등을 의미하지만 서양의 길에는 '이동한다'는 의미의, 물질을 획득하기 위해 남보다 빠르게 움직여야 한다는 경쟁심리가 숨어 있다. ㉣ 이러한 인식 때문에 상류계급은 물론 일반 농민들조차 도로에서 멀리 떨어진 곳에 마을터를 잡는 경향이 있었다. ㉤ 그들이 교통로 변에 거주하기를 피한 이유는 도로를 부도덕한 일들이 전파되는 통로라고 생각하였기 때문이다.

① ㉠
② ㉡
③ ㉢
④ ㉣
⑤ ㉤

정답해설 지문은 우리 조상들이 생각하는 길의 개념에 대한 설명이 이어지고 있다. 우리 조상들은 예로부터 길의 중요성은 인식하면서도 길가에 주거지를 정하는 것은 꺼렸는데 그것은 미풍양속과 관련된 것이기 때문이라고 하였다. 따라서 우리 조상들이 생각하는 '길'의 의미와 다른 의미를 가진 서양의 '길'의 의미에 대해 설명하고 있는 ㉢은 내용상 어울리지 않는다.

정답 14 ② | 15 ③

[16~17] 다음 제시된 문장이 들어가기에 가장 적절한 위치를 고르시오.

총 문항 수 : 2문항 | 총 문제풀이 시간 : 2분 | 문항당 문제풀이 시간 : 1분

16 다수로 이루어진 파벌은 자신의 의지대로 정부 기관을 통제할 수 있기 때문이다.

미합중국 역사만큼이나 유서 깊은 이 문제는, 대중 정부의 본성에 관한 깊이 있는 연구들을 촉발했다. ㉠ '미국헌법의 아버지'라고 불렸던 제임스 매디슨 역시 이 문제를 연구한 사람 중의 하나였다. 그에 따르면 민주주의란 기본적으로 다수의 의견에 따르는 정치 체제이다. 그런데 매디슨은 이 다수가 민주주의의 최대 위협이 될 수 있다는 딜레마를 지적한다. ㉡ 다수는 자신들에 속하지 않는 타인들의 권리나 전체의 장기적 이익보다 자신들의 권익을 우선적으로 고려할 수 있다. ㉢ 이때 다수는 개인들의 집합을 넘어 하나의 '파벌'을 형성한다. ㉣ 소수로 이루어진 파벌도 공화국 정부에 혼란을 일으킬 수 있다. 그러나 다수로 이루어진 파벌이 공화국 정부에 미치는 영향은 훨씬 더 위협적이다. ㉤

① ㉠
② ㉡
③ ㉢
④ ㉣
⑤ ㉤

정답해설 마지막 문장에서 '다수로 이루어진 파벌이 공화국 정부에 미치는 영향은 훨씬 더 위협적'이라고 했으므로, 그 다음 문장에서는 이 주장에 대한 합당한 근거나 이유를 제시하는 내용이 오는 것이 가장 적합하다. 따라서 제시된 문장은 ㉤에 들어가는 것이 가장 알맞다.

이 문제 중요!

17 **몸은 아비투스를 표현하는 매체일 뿐만 아니라 사회적 경험의 집적체로서 아비투스를 구성하는 요소이기도 하다.**

권력관계와 그것을 기반으로 하는 사회질서가 생산, 지각, 경험되는 일상생활의 장을 '아비투스(habitus)'라 부른다. ㉠ 아비투스는 자연스러운 사회적 실천을 추종하는 배경인 동시에 개인이 경험하는 사회화의 상호작용의 축적이라고 할 수 있다. 아비투스는 몸, 몸에 대한 사고, 몸짓, 행동양식, 자세 등을 형성한다. ㉡ 아비투스는 사회질서에 어울리는 방식으로 행동할 수 있는 능력과 감각을 개인에게 부여하고, 사회적 필요에서 생긴 행위를 자연스러운 몸의 반응으로 전환시킨다. ㉢ 흔히 자세나 표정, 감정, 취향 등에서 남성적이거나 여성적인 것으로 여겨지는 많은 요소들은 계급질서나 성적 위계질서 등 결코 자연스럽지 않은 관계를 '자연스럽게' 경험하도록 만드는 것들이다. ㉣ 이른바 상식이라는 이름하에 기존의 세계를 이미 주어진 당연한 것으로 받아들이는 것은, 제도화된 이념들에 의해 고착된 의식작용보다는 몸의 차원에서 일어난다. ㉤

① ㉠
② ㉡
③ ㉢
④ ㉣
⑤ ㉤

정답 해설 제시된 문장은 몸과 아비투스의 관계를 부연 설명하는 내용의 문장이다. 따라서 앞의 문장에서는 아비투스가 몸과 관련된 사고, 자세 등을 형성한다고 언급하고 있으며, 뒤의 문장에서는 아비투스가 사회적 행위를 자연스러운 몸의 반응으로 전환시킨다고 언급한 ㉡에 들어가는 것이 적절하다.

정답 16 ⑤ | 17 ②

[18~19] 다음 제시문의 내용과 일치하지 않는 것을 고르시오.

총 문항 수 : 2문항 | 총 문제풀이 시간 : 2분 | 문항당 문제풀이 시간 : 1분

18

탁월성의 획득은 기예의 습득과 유사하다. 무엇을 만드는 법을 배우고자 하는 사람이 그것을 직접 만들어 봄으로써 익히듯이, 우리는 용감한 일을 행함으로써 용감한 사람이 된다.

또한 탁월성을 파괴하는 기원 · 원인들에 대해서도 탁월성이 생기는 기원 · 원인들과 같은 방식으로 말할 수 있다. 집을 잘 지음으로써 좋은 건축가가, 잘못 지음으로써 나쁜 건축가가 된다. 성격적 탁월성의 경우도 이와 마찬가지이다. 다른 사람과 관련된 일들을 행하면서 어떤 사람은 정의로운 사람이 되고 어떤 사람은 정의롭지 못한 사람이 된다.

욕망이나 분노에 관련된 것에 대해서도 사정은 유사하다. 어떤 사람은 절제 있는 사람이나 온화한 사람이 되지만, 어떤 사람은 무절제한 사람이나 성마른 사람이 된다. 양쪽 모두 자신이 처한 상황 속에서 어떤 방식으로 행동함으로써 그러한 사람이 된다.

① 기예의 습득과 탁월성의 습득은 그 과정상 유사하다.
② 절제 있고 온화한 사람은 그러한 행동을 취하는 사람이다.
③ 탁월성의 획득과 파괴의 기원은 같다.
④ 좋은 행동을 실천하면 성격적 탁월성을 갖게 된다.
⑤ 정의롭고 온화하며 절제 있는 본성을 지닌 사람이 성격적 탁월성을 가진 자이다.

정답 해설 ⑤ 제시문에 따르면 성격적 탁월성의 기원 · 원인은 행동이다. 즉, 정의롭고 온화하며 절제 있는 사람이 되기 위해서는 그러한 본성을 갖는 것이 아니라 그러한 행동을 취해야 한다.
③ 건축가를 예로 들면서, 탁월성을 파괴하는 기원 · 원인을 탁월성이 생기는 기원 · 원인과 같은 방식으로 말할 수 있다고 하였다.

19

1937년 영국에서 거행된 조지 6세의 대관식에 귀족들은 대부분 자동차를 타고 왔다. 대관식에 동원된 마차는 단 세 대밖에 없었을 정도로 의례에서 마차가 차지하는 비중이 작아졌다. 당시 마차 관련 서적에서 드러나듯, 대귀족 가문들조차 더 이상 호화로운 마차를 사용하지 않았다. 당시 마차들은 조각이 새겨진 황금빛 왕실 마차와 같이 의례용으로 이용되는 경우를 제외하고는 거의 사용되지 않은 채 방치되었다.

제2차 세계 대전 이후 전투기와 탱크와 핵폭탄이 세계를 지배하면서, 대중은 급격한 과학 기술의 발전에 두려움과 어지러움을 느끼게 되었다. 이런 배경하에 영국 왕실 의례에서는 말과 마차와 검과 깃털 장식 모자의 장엄한 전통이 정치적으로 부활하였다. 1953년 엘리자베스 2세의 대관식은 전통적인 방법으로 성대하게 치러졌다. 대관식에 참여한 모든 외국 왕족과 국가 원수를 마차에 태웠는데, 이때 부족한 일곱 대의 마차를 한 영화사에서 추가로 임대할 정도였다.

왕실의 고풍스러운 의례가 전파로 송출되기 시작하면서 급변하는 사회를 혼란스러워하던 대중은 전통적 왕실 의례에서 위안을 찾았다. 국민의 환호와 열광 속에 화려한 마차를 타고 개선로를 통과하는 군주에게는 어수선한 시대의 안정적 구심점이라는 이미지가 부여되었다. 군주는 전후 경제적 피폐와 정치적 혼란의 양상을 수습하고 국가 질서를 재건하는 상징적 존재로 부상하였다.

① 영국 왕실 의례는 영국의 지역 간 통합에 순기능으로 작용했다.
② 1940년대에 마차는 단지 의례용으로만 사용되었다.
③ 엘리자베스 2세의 대관식은 많은 국빈이 참여한 가운데 성대하게 거행되었다.
④ 엘리자베스 2세는 군중이 지켜보는 가운데 마차를 타고 개선로를 통과하였다.
⑤ 제2차 세계 대전 이후 영국 왕실의 전통적 의례의 부활은 대중에게 위안과 안정을 주는 역할을 했다.

정답 해설 제시문에 따르면 영국 왕실 의례는 전후 경제적 · 정치적 혼란을 수습하는 등의 순기능으로 작용하였으나, 그 영향이 영국의 지역 간 통합에 미쳤는지의 여부는 알 수 없다.

[20~21] 다음 주어진 글을 읽고 물음에 답하시오.

총 문항 수 : 2문항 | 총 문제풀이 시간 : 2분 40초 | 문항당 문제풀이 시간 : 1분 20초

(가) 자연은 인간 사이의 갈등을 이용하여 인간의 모든 소질을 계발하도록 한다. 사회의 질서는 이 갈등을 통해 이루어진다. 이 갈등은 인간의 반사회적 사회성 때문에 초래된다. 반사회적 사회성이란 한편으로는 사회를 분열시키려고 끊임없이 위협하고 반항하면서도, 다른 한편으로는 사회를 이루어 살려는 인간의 성향을 말한다. 이러한 성향은 분명 인간의 본성 가운데 하나다.

(나) 인간은 사회 속에서만 자신을 더 나은 존재로 느낄 수 있기 때문에 자신을 사회화하고자 한다. 인간은 사회 속에서만 자신의 자연적 소질을 실현할 수 있는 것이다. 그러나 인간은 자신을 개별화하거나 고립시키려는 강한 성향도 있다. 이는 자신의 의도에 따라서만 행위 하려는 반사회적인 특성을 의미한다. 그리고 저항하려는 성향이 자신뿐만 아니라 다른 사람에게도 있다는 사실을 알기 때문에, 그 자신도 곳곳에서 저항에 부딪히게 되리라 예상한다.

(다) 이러한 저항을 통하여 인간은 모든 능력을 일깨우고, 나태해지려는 성향을 극복하며, 명예욕이나 지배욕, 소유욕 등에 따라 행동하게 된다. 그리하여 동시대인들 가운데에서 자신의 위치를 확보하게 된다. 이렇게 하여 인간은 야만의 상태에서 벗어나 문화를 이룩하기 위한 진정한 진보의 첫걸음을 내딛게 된다. 이때부터 모든 능력이 점차 계발되고 아름다움을 판정하는 능력도 형성된다. 나아가 자연적 소질에 의해 도덕성을 어렴풋하게 느끼기만 하던 상태에서 벗어나, 지속적인 계몽을 통하여 구체적인 실천 원리를 명료하게 인식할 수 있는 성숙한 단계로 접어든다. 그 결과 자연적인 감정을 기반으로 결합된 사회를 도덕적인 전체로 바꿀 수 있는 사유 방식이 확립된다.

(라) 인간에게 이러한 반사회성이 없다면, 인간의 모든 재능은 꽃피지 못한 채 만족감과 사랑으로 가득찬 목가적인 삶 속에 영원히 묻혀버리고 말 것이다. 그리고 양처럼 선량한 기질의 사람들은 가축 이상의 가치를 자신의 삶에 부여하지 못할 것이다. 자연상태에 머물지 않고 스스로의 목적을 성취하기 위해 자연적 소질을 계발하여 창조의 공백을 메울 때, 인간의 가치는 상승되기 때문이다.

(마) 불화와 시기와 경쟁을 일삼는 허영심, 막힐 줄 모르는 소유욕과 지배욕을 있게 한 자연에 감사하라! 인간은 조화를 원한다. 그러나 자연은 불화를 원한다. 자연은 무엇이 인간을 위해 좋은 것인지 더 잘 알고 있기 때문이다. 인간은 안락하고 만족스럽게 살고자 한다. 그러나 자연은 인간이 나태와 수동적인 만족감으로부터 벗어나 노동과 고

난 속으로 돌진하기를 원한다. 그렇게 함으로써 자연은 인간이 노동과 고난으로부터 현명하게 벗어날 수 있는 방법을 발견하게 한다.

이 문제 중요!

20 (가)~(마)에 관한 설명으로 적절하지 않은 것은?

① (가) : 논지와 주요 개념을 제시한다.

② (나) : 제시된 개념을 부연하여 설명한다.

③ (다) : 논지를 확대하고 심화한다.

④ (라) : 다른 각도에서 논지를 강화한다.

⑤ (마) : 새로운 문제를 제기하면서 논의를 마무리한다.

정답 해설 (마)는 논지를 분명히 하는 동시에 논의를 마무리 짓고 있다.

이 문제 중요!

21 윗글에 제시된 '진보'의 과정을 아래와 같이 정리할 때, [A]에 들어갈 내용으로 적절한 것은?

반사회성은 개인들 사이의 갈등을 낳는다.

↓

[A]

↓

지속적인 계몽을 거친다.

↓

도덕적 사회로 나아갈 수 있는 성숙한 사유 방식이 확립된다.

정답 20 ⑤ | 21 ①

① 갈등의 과정 속에서 자연적 소질이 계발된다.
② 갈등을 계기로 조화롭고 목가적인 삶에 이른다.
③ 갈등을 극복하여 사회를 이룬다.
④ 갈등을 약화시킬 수 있도록 사회성을 계발한다.
⑤ 갈등을 극복할 도덕적 실천 원리를 인식한다.

정답 해설 지문에 등장한 진보의 과정은 첫째, 반사회성, 둘째, 인간 사이의 갈등, 셋째, 소질의 계발, 넷째, 지속적인 계몽, 다섯째, 성숙한 사유 방식의 확립이다.

[22~24] 다음 주어진 글을 읽고 물음에 답하시오.

총 문항 수 : 3문항 | 총 문제풀이 시간 : 4분 | 문항당 문제풀이 시간 : 1분 20초

벽돌은 흙을 구워 만드는 재료인 만큼 그 유서도 깊다. "벽돌 두 장을 조심스럽게 올려놓기 시작했을 때 건축이 시작된다."라고 이야기하는 건축가가 있을 정도로 벽돌은 건축을 대변한다. 벽돌의 기본 의미는 '쌓음'에 있다. 벽돌을 쌓아서 이루어진 벽은 점을 찍어 화면을 채워 나가는 그림에 비유될 수 있을 것이다. 점묘파라 불리던 19세기의 프랑스 화가들이 그린 그림을 보면 그들이 막상 이야기하려고 했다는 색채나 비례 이론을 다 떠나서 우선 보는 이를 압도하는 근면함이 화면 가득 묻어난다. 벽돌 건물을 보면 이처럼 그 차곡차곡 쌓아서 만들어지는 아름다움이 가장 먼저 우리에게 다가온다.

이 아름다움은 단지 벽돌을 쌓았다고 해서 드러나는 것이 아니다. 쌓았음을 보여 주어야 한다. 그것도 얼마나 '조심스럽게' 쌓았는가를 보여 주어야 한다. 또한 벽돌 무늬를 인쇄한 벽지를 바른 것이 아님을 보여 주어야 한다. 그 쌓음의 흔적은 줄눈에 새겨진다. 건축가들은 시멘트 줄눈을 거의 손가락 하나 들어갈 정도의 깊이로 파낸다. 줄눈은 빛을 받으면서 그림자를 만들고 벽돌들이 '하나하나 쌓으면서 이루어졌음'을 확연히 보여 준다. 이처럼 벽돌 건물은 그 깊이감을 통해서 복잡하고 시끄러운 도심에서도 기품 있는 자태를 드러낸다.

서울의 동숭동 대학로에는 차분한 벽돌 건물들이 복잡한 도심 속에서 색다른 분위기를

형성하고 있다. 이 건물들을 볼 때 느낄 수 있는 특징은 우선 재료를 잡다하게 사용하지 않았다는 점이다. 건물의 크기를 떠나서 창문의 유리를 제외하고는 건물의 외부가 모두 한 가지 재료로 덮여 있다. 사실 ㉠ 솜씨가 무르익지 않은 요리사는 되는 대로 이런저런 재료와 양념을 쏟아 붓는다. 하지만 아무리 훌륭한 재료를 쓴들 적절한 불 조절이나 시간 조절이 없으면 범상한 요리를 뛰어넘을 수 없다. 재료 사용의 절제는 비단 건축가뿐만 아니라 모든 디자이너들이 원칙적으로 동의하면서도 막상 구현하기는 어려운 덕목이다.

벽돌 건물의 또 다른 예술적 매력은 벽돌을 반으로 거칠게 쪼갠 다음 그 쪼개진 단면이 외부로 노출되게 쌓을 때 드러난다. 햇빛이 이 벽면에 떨어질 때 드러나는 면의 힘은 가히 압도적이다. 일정하지 않게 생성되는 그림자가 이루어내는 조합이 쪼갠 벽돌의 단면과 어우러져 새로운 아름다움을 드러낸다. 또한 벽돌을 쪼갤 때 가해졌을 힘을 고스란히 느끼게 해 준다. 이런 방식으로 지어진 벽돌 건물들은 텁텁함의 아름다움과 박력을 잘 보여 준다고 할 수 있다. 이를 위해 건축가는 때때로 철거 현장과 폐허를 뒤져 뒤틀리고 깨진 벽돌만 모아서 벽을 만들기도 한다.

이처럼 건축에 있어서 재료는 단순히 물질적 속성을 지니고 있을 뿐만 아니라 디자인의 방향을 규정한다. 건축가들의 재료 선택에는 그 재료의 물질적 속성 이외에 그 재료가 갖는 의미에 관한 성찰이 깔려있다. 바로 이러한 성찰로 인해 건물은 단순히 쌓아 올린 벽돌 덩어리가 아니라 인간과 자연의 숨결이 살아 숨 쉬는 생명체가 되는 것이다. 그리고 그 생명의 깊이를 들여다보는 것 역시 감상에서 빼놓을 수 없는 부분이다.

22 이 글의 제목으로 가장 적절한 것은?

① 벽돌 건물의 정제된 아름다움과 투박한 매력
② 도심 속 벽돌 건물의 기품과 매력
③ 벽돌 건물의 재료가 갖는 특성
④ 벽돌 건물에 투영된 세상과 인간의 삶
⑤ 건축에서 벽돌의 의미

정답 해설 두 번째 문단과 세 번째 문단에서 도심 속 벽돌 건물의 기품과 색다른 분위기에 대해 설명하고는 있지만, 전체적으로는 벽돌 건물의 아름다움과 매력에 대해 설명하고 있으므로 글의 내용을 모두 포괄하는 제목으로는 ①이 가장 적절하다.

정답 22 ①

23 ㉠과 가장 유사한 사례는?

① 사진을 찍을 때 배경보다는 인물을 부각시킨다.
② 시를 쓸 때 심상이 분명하게 전달되도록 한다.
③ 그림을 그릴 때 대상을 실제 모습과 거의 똑같게 그린다.
④ 합창을 할 때 각자 맡은 성부에 충실한다.
⑤ 영상을 편집할 때 신경향의 기법들을 최대한 적용한다.

정답해설 ㉠은 요리사가 재료를 절제하여 사용하지 않음으로써 맛을 제대로 살리지 못하는 경우이다. 이러한 요리사와 유사한 모습은 신경향의 기법을 영상 편집에 필요 이상으로 적용함으로써 절제미를 살리지 못하는 사례에서 찾아볼 수 있다.

24 이 글의 내용과 일치하지 않는 것은?

① 벽돌 건물에서는 쌓아서 만들어지는 아름다움을 느낄 수 있다.
② 건축에 있어 재료는 물질적 속성뿐만 아니라 디자인이 방향을 규정하기도 한다.
③ 건축가에 있어서 뒤틀리고 깨진 벽돌은 또 다른 매력을 가진 재료이다.
④ 도심 속에서 벽돌 건물의 기품 있고 아름다운 자태를 볼 수 있는 것은 건축가들의 '줄눈'에 새겨진 흔적 때문이다.
⑤ 19세기 점묘파 화가들은 벽돌로 지은 건물을 선호했다.

정답해설 점묘파 화가들에 대한 내용이 등장한 것은 그들의 그림과 벽돌 건물 간에 존재하는 공통점을 설명하기 위해서이다. 점묘파 화가들이 어떤 건물을 선호했는지는 지문을 통해서는 알 수 없다.

[01~03] 두 사람의 대화에서 질문에 대한 답변으로 적당하지 않은 것을 고르시오.

총 문항 수 : 3문항 | 총 문제풀이 시간 : 3분 | 문항당 문제풀이 시간 : 1분

01

① A : 학생이 생각하는 정의로운 사회란 어떤 사회인가요?
B : 제가 생각하는 정의로운 사회란 공정한 경쟁이 이루어지고 그러한 경쟁에 대한 정당한 대가를 받는 사회라고 생각합니다.

② A : '착한 사마리아인의 법' 도입 문제에 대해 반대하시는 분의 입장을 듣고 싶습니다.
B : 이 법의 시행은 심각한 범죄나 곤경에 처한 사람을 방치하는 현대인의 태도를 바꿀 수 있습니다.

③ A : 올해 상반기 공채에 지원하려고 합니다. 혹시 입사지원 시 학력 제한이 있습니까?
B : 본사의 공채 지원 자격 요건은 계열사마다 학력의 제한이 다르므로, 자세한 사항은 홈페이지에서 확인하시기 바랍니다.

④ A : 보석감정사의 주요 업무는 무엇입니까?
B : 보석의 가치와 진위여부를 감정하거나 감별하는 일을 합니다.

⑤ A : 하우스 푸어(House Poor)에 대해 알고 싶습니다.
B : '집을 소유하고 있지만 가난한 사람'을 의미합니다. 주택가격이 오를 때 저금리로 과도한 대출을 받아 집을 마련했지만 금리인상과 주택가격 하락으로 큰 손해를 보고 있는 사람들입니다.

정답 해설 '착한 사마리아인의 법'의 도입 문제에 대해 반대하는 사람의 입장을 묻고 있지만 B는 찬성하는 입장에서 말하고 있으므로, A 질문에 대한 답변으로 적당하지 않다. A에 대한 답변은 "곤경에 처한 사람을 돕는 것은 개인의 양심이나 도덕성의 문제이므로, 이 문제를 법적으로 강제하겠다는 발상은 법의 남용입니다." 정도가 자연스럽다.

02

① A : 인슐린과 주사기를 기내에서 소지하고 탑승해도 되나요?

B : 처방전을 지참하시면 기내에서 소지하실 수 있습니다.

② A : 은행에서 내용증명을 하려고 하는데 대리인이 가도 내용증명 접수가 가능한가요?

B : 네, 가능합니다. 본인여부에 상관없이 도장과 신분증은 따로 지참하지 않으셔도 됩니다.

③ A : 택배 속에 현금을 넣어서 발송해도 괜찮은가요?

B : 원칙적으로 택배 속에는 일반적인 편지와 통화를 넣어 발송할 수 없습니다.

④ A : 유명 가수와 배우가 비밀리에 결혼했다 이혼한 사실이 알려지면서 거센 비판을 받고 있습니다. 우선 이들을 옹호하는 측의 의견부터 들어보도록 하겠습니다.

B : 사건의 당사자들은 비난받아 마땅합니다. 이들이 사생활을 숨긴 것에 대한 법적인 책임은 없을지 모르지만 도의적인 책임이 있기 때문입니다.

⑤ A : 판사님, 화이트칼라 범죄의 양형기준이 갖는 의미는 무엇입니까?

B : 판사 입장에서 보면 자신의 기준이 과연 공평 타당한 것인가를 검증할 수 있는 잣대가 생긴다는 의미가 있습니다.

정답 해설 B는 옹호하는 입장이 아닌 부정적인 입장을 취하고 있다.

이 문제 중요!

03

① A : 스마트폰 중독의 최선의 해결책은 무엇일까요?
  B : 터치 몇 번이면 무엇이든 찾을 수 있는 스마트폰이 있으면 힘들게 암기할 필요가 없습니다. 다양한 정보를 빠르게 습득할 수 있는 천국의 선물입니다.

② A : 요즘 뉴스를 뜨겁게 달군 우유주사가 무엇입니까?
  B : 우유주사는 우유 같은 흰색을 띄고 있는 수면마취제 '프로포폴'을 지칭하는 은어입니다.

③ A : 미국의 비자면제프로그램(VWP)이란 무엇인가요?
  B : 미국 정부가 지정한 국가의 국민에게 최대 90일간 비자 없이 관광 및 사용 목적에 한해 미국을 방문할 수 있도록 허용하는 제도입니다.

④ A : 레몬 디톡스 다이어트가 부작용이 있나요?
  B : 원 푸드 다이어트의 하나이기 때문에 영양 결핍에 걸릴 수도 있어요.

⑤ A : 여권용 사진을 찍을 때 귀걸이를 착용해도 되나요?
  B : 여권용 사진은 귀걸이나 목걸이 등은 착용할 수 없습니다.

정답 해설 B는 스마트폰의 장점에 대해 이야기 하고 있다. 스마트폰 중독에 따른 문제점과 신문, 종이책 읽기 등 해결 방안에 대한 답이 와야 자연스럽다.

소요시간		채점결과	
목표시간	28분 40초	총 문항수	27문항
실제 소요시간	( )분 ( )초	맞은 문항 수	( )문항
초과시간	( )분 ( )초	틀린 문항 수	( )문항

정답 02 ④ | 03 ①

수리자료분석

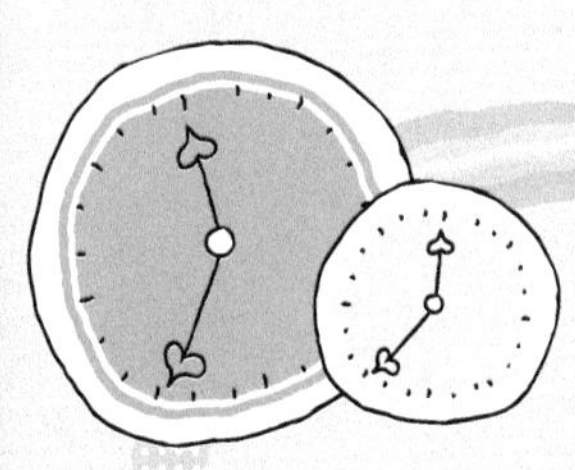

2DAY

수리자료분석

1. 응용계산

기출유형분석

⏰ 문제풀이 시간 : 1분

▶ **A에서 B까지 거리는 9km이다. A에서 출발하여 B로 가는데 시속 4km로 걷다가 도중에 시속 6km로 달려갔더니 2시간 만에 도착하였다. 달려간 거리를 구하시오.**

① 7km ② 6km

③ 5km ④ 4km

⑤ 3km

걸어간 거리를 $x$km, 달려간 거리를 $y$km라고 하면

$x+y=9$ … ㉠

$\frac{x}{4}+\frac{y}{6}=2$

$3x+2y=24$ … ㉡

㉠, ㉡을 연립하면 $y=3$

따라서 달려간 거리는 3km이다.

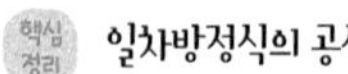

핵심정리 **일차방정식의 공식**

- 거리 · 속력 · 시간의 관계
  - 속력$=\frac{\text{거리}}{\text{시간}}$
  - 거리$=$속력$\times$시간
  - 시간$=\frac{\text{거리}}{\text{속력}}$
  - 평균속력$=\frac{\text{총 거리}}{\text{총 시간}}$
- 농도에 관한 공식
  - 식염수의 농도$=\frac{\text{식염의 양}}{\text{식염수의 양}}\times 100$

– 식염의 양 $=\frac{\text{식염수의 농도}}{100}\times$ 식염수의 양
– 식염수의 양 = 식염의 양 + 물의 양

정답 ⑤

[01~30] **다음 문제를 읽고 물음에 답하시오.**

총 문항 수 : 30문항 | 총 문제풀이 시간 : 25분 | 문항당 문제풀이 시간 : 40초~1분

01 **책을 한 권 복사하는데 A 복사기는 12분, B 복사기는 8분이 걸린다. 처음 2분간은 A 복사기를 사용하고 이후에 A와 B를 같이 사용한다면 총 복사 시간은 몇 분인가?**

① 5분
② 6분
③ 7분
④ 8분
⑤ 10분

총 소요시간 $=\frac{\text{총 작업량}}{\text{평균 작업량}}$

전체의 작업량을 1이라고 하면,

처음 2분간의 작업량 : $\frac{2}{12}$

나머지 작업량 : $\frac{10}{12}$

나머지 복사 시간 : $\frac{10}{12}\div\left(\frac{1}{12}+\frac{1}{8}\right)=4$(분)

∴ 총 복사 시간 : $2+4=6$(분)

02 학교에서 21.2km 떨어진 곳까지 200m 간격으로 횡단보도를 설치하려고 한다. 학교에는 횡단보도를 설치하지 않는다고 했을 때 설치할 횡단보도의 수는?

① 103개
② 104개
③ 105개
④ 106개
⑤ 107개

정답해설 학교에는 횡단보도를 설치하지 않으므로
21,200÷200=106(개)

03 강을 따라 36km 떨어진 A 지점과 B 지점을 배로 왕복했더니 올라갈 때에 4시간, 내려올 때에 3시간이 걸렸다. 이 배의 평균속력은?

① $\frac{21}{4}$km/h
② $\frac{21}{2}$km/h
③ $\frac{36}{7}$km/h
④ $\frac{72}{7}$km/h
⑤ $\frac{84}{7}$km/h

정답해설 평균속력=$\frac{\text{총 거리}}{\text{총 시간}}$이므로,
총 거리=36×2=72, 총 시간=4+3=7
∴ 평균속력=$\frac{72}{7}$(km/h)

이 문제 중요!

04 가은이가 집에서 800m 떨어진 도서관을 갈 때 처음에는 분속 50m로 걷다가 나중에는 분속 200m로 뛰어갔더니 10분이 걸렸다. 가은이가 걸은 거리는?

① 400m ② 420m
③ 450m ④ 480m
⑤ 500m

정답 해설 가은이가 걸은 거리를 x, 달린 거리를 y라고 하면

$x+y=800$ … ㉠

시간$=\frac{\text{거리}}{\text{속력}}$이므로,

$\frac{x}{50}+\frac{y}{200}=10$ … ㉡

㉠과 ㉡를 연립하여 풀면

$$\begin{cases} x+y=800 \\ \frac{x}{50}+\frac{y}{200}=10 \end{cases}$$

$$\begin{cases} x+y=800 \\ 4x+y=2{,}000 \end{cases}$$

$\therefore x=400(\text{m}),\ y=400(\text{m})$

정답 02 ④ | 03 ④ | 04 ①

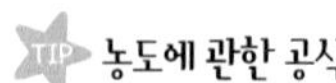

05 농도 14%의 소금물 300g에 물을 더 넣어 농도를 4%로 하려고 한다. 물을 얼마나 더 넣어야 하는가?

① 300g　　② 450g
③ 600g　　④ 750g
⑤ 900g

정답해설 농도가 14%인 소금물 300g에서 소금의 양$=\frac{14}{100}\times300=42(\text{g})$

여기에 넣는 물의 양을 x라고 한다면

$\frac{42}{300+x}\times100=4(\%)$

$4(300+x)=4{,}200$

$\therefore x=750(\text{g})$

TIP 농도에 관한 공식

- 소금의 양=소금물의 양×$\frac{\text{농도}}{100}$
- 농도=$\frac{\text{소금의 양}}{\text{소금물의 양}}\times100$

06 어느 농장에서 키우는 닭과 토끼가 모두 200마리인데 다리를 세어보니 560개였다. 닭은 모두 몇 마리인가?

① 80마리　　② 90마리
③ 100마리　　④ 110마리
⑤ 120마리

정답해설 닭의 수를 x라 하고 토끼의 수를 y라 하면

$x+y=200$, $2x+4y=560$이므로

두 식을 연립해서 풀면 $x=120$(마리), $y=80$(마리)

07 **A군 1명으로는 5시간, B군 1명으로는 7시간 걸리는 일이 있다. 이 일을 2명이 협력해서 한다면 얼마나 걸리겠는가?**

① 2시간　　② 2시간 35분
③ 2시간 55분　　④ 3시간
⑤ 3시간 5분

정답 해설 A군의 시간당 작업량$=\frac{1}{5}$, B군의 시간당 작업량$=\frac{1}{7}$

2명이 했을 때 걸리는 시간$=1\div\left(\frac{1}{5}+\frac{1}{7}\right)=1\div\frac{12}{35}=\frac{35}{12}$

$\frac{35}{12}=2+\frac{11}{12}=2+\frac{55}{60}$

∴ 2시간 55분

08 **화물열차가 일정한 속력으로 달려 기차역을 완전히 통과하는 데 5초가 걸리고, 길이가 160m인 터널을 완전히 지나는 데 13초가 걸린다고 한다. 이 화물열차의 길이는?**

① 60m　　② 70m
③ 80m　　④ 90m
⑤ 100m

정답 해설 속력$=\frac{\text{거리}}{\text{시간}}$

화물열차가 일정한 속력으로 달린다고 하였으므로, 화물열차의 길이를 x라 하면

$\frac{x}{5}=\frac{160+x}{13}$, $800+5x=13x$

$\therefore x=100(\text{m})$

09 **A씨는 집에서 회사까지 2km/h로 출근을 하고, 퇴근 후 회사에서 다시 그보다 5km가 먼 학원을 3km/h로 걸어 총 5시간을 걸었다. 집 · 회사 · 학원이 일직선상에 있다고 할 때, 집에서 학원까지의 거리는?**

① 9km
② 11km
③ 13km
④ 15km
⑤ 17km

정답 해설 집에서 회사까지의 거리 : x

회사에서 학원까지의 거리 : $x+5$

$\frac{x}{2}+\frac{x+5}{3}=5$

$\frac{3x+2x+10}{6}=5$

$5x+10=30$

$x=4(\text{km})$

∴ 집에서 학원까지의 거리 : $x+x+5=2x+5=13(\text{km})$

10 **원가가 400원인 공책이 있다. 이 공책을 정가의 20%를 할인해서 팔아도 8%의 이익을 남게 하기 위해서는 원가에 몇 %의 이익을 붙여 정가를 정해야 하는가?**

① 32%
② 35%
③ 37%
④ 42%
⑤ 50%

원가에 x% 이익을 붙여 정가를 정하면

정가 : $400(1+x)$

$400(1+x)(1-0.2)=400(1+0.08)$

$320+320x=432$

$320x=112$

$x=0.35$

∴ 원가에 35%의 이익을 붙여서 정가를 정해야 한다.

11 **어느 회사에서는 두 종류의 물건 A, B를 생산하고 있다. 지난달에 생산한 물건의 개수는 모두 합하여 1300개였는데, 이번 달에는 A는 6%, B는 4% 더 생산하여 지난달보다 60개를 더 생산하려고 한다. 지난달에 생산한 물건 A의 개수는?**

① 200개
② 300개
③ 400개
④ 500개
⑤ 600개

정답 해설 지난달에 생산한 물건 A, B의 개수를 각각 x, y라 하면

$x+y=1300$ … ㉠

더 생산하려는 물건의 개수는 각각 $0.06x$, $0.04y$이므로

$0.06x+0.04y=60$ … ㉡

㉠, ㉡을 연립하면 $x=400$

따라서 지난달에 생산한 물건 A의 개수는 400개이다.

12 **어느 회사의 작년의 직원 수는 605명이었지만, 올해에는 남직원이 8% 감소하고, 여직원이 15% 증가하여 621명이 되었다. 올해의 여직원 수는 몇 명인가?**

① 312명
② 322명
③ 332명
④ 342명
⑤ 352명

정답 09 ③ | 10 ② | 11 ③ | 12 ②

정답해설 작년의 남직원 수를 x명, 여직원 수를 y명이라 하면

$x+y=605$ … ㉠

$-0.08x+0.15y=621-605$

$-8x+15y=1600$ … ㉡

㉠, ㉡을 연립하면 $y=280$

따라서 올해 여직원의 수는 $280\times1.15=322$(명)이다.

13 **장난감 매장에서 원가 2만 원짜리 장난감에, 이윤을 20% 추가하여 정가로 하였다가 오랫동안 팔리지 않아 정가의 30%를 깎아 팔았다. 이 장난감의 가격은?**

① 13,200원
② 14,400원
③ 15,600원
④ 16,800원
⑤ 18,000원

정답해설 정가 : $20,000(1+0.2)=24,000$

따라서 24,000(원)의 30%를 깎았으므로

$\therefore 24,000(1-0.3)=16,800$(원)

14 **소금 50g과 물 150g을 섞었을 때의 농도는?**

① 10%
② 15%
③ 20%
④ 25%
⑤ 30%

농도$=\dfrac{\text{소금의 양}}{\text{물의 양}+\text{소금물의 양}}\times100$이므로

$\dfrac{50}{150+50}\times100=25\%$

15 **35% 소금물 200g에 물 50g을 첨가했을 때의 소금물의 농도는?**

① 12% ② 16%

③ 20% ④ 24%

⑤ 28%

정답 해설 35% 소금물 200g에 들어있는 소금의 양을 x라 하면

$\frac{x}{200}\times 100=35(\%)$ $\therefore x=70(\text{g})$

따라서 물 50g을 첨가했을 때의 소금물의 농도는 $\frac{70}{200+50}\times 100=28(\%)$

16 **어떤 작업을 하는 데 다혜는 15시간, 민우는 9시간이 걸린다고 한다. 이 작업을 다혜와 민우가 3시간 동안 같이 하다가 민우가 혼자 일을 하게 되었다. 이 작업을 완성하기 위해 민우 혼자 일해야 하는 시간은?**

① 3시간 12분 ② 3시간 15분

③ 4시간 12분 ④ 4시간 15분

⑤ 5시간 12분

정답 해설 전체 일의 양을 1이라 하면

다혜의 시간당 작업량 : $\frac{1}{15}$, 민우의 시간당 작업량 : $\frac{1}{9}$

민우가 혼자서 일한 시간 : x

$\frac{3}{15}+\frac{3+x}{9}=1$

$9+15+5x=45$

$\therefore x=4.2$시간$=4$시간 12분

17 **3명이 하면 32시간이 걸리는 작업을 8시간에 끝마치려고 한다. 몇 명의 사람이 더 필요한가?**

① 8명
② 9명
③ 10명
④ 11명
⑤ 12명

작업시간을 $\frac{8}{32}=\frac{1}{4}$로 단축시켜야 하므로 필요한 사람은 4배, 즉 $3\times4=12$(명)으로 늘려야 한다.

∴ 추가로 필요한 사람 수$=12-3=9$(명)

18 **A, B 두 종류의 제품을 생산하는 공장에서 지난달에 모두 200개의 제품을 생산하였다. 이번 달에는 A제품의 생산량은 15% 증가하고, B제품의 생산량은 10% 감소하여 전체적으로 15개를 더 생산하였다고 할 때, 이번 달의 A제품의 생산량을 구하면?**

① 161개
② 162개
③ 163개
④ 164개
⑤ 165개

지난달 A, B 두 제품의 생산량을 각각 x개, y개라고 하면

$x+y=200$ ⋯ ㉠

$0.15x-0.1y=15$

$3x-2y=300$ ⋯ ㉡

㉠, ㉡을 연립하면 $x=140$, $y=60$

따라서 이번 달의 A제품의 생산량은

$140\times1.15=161$(개)

19 물통에 물을 채우려고 한다. A호스로 4시간 채우고, 나머지를 B호스로 2시간 채우면 가득 채울 수 있고, A호스로 2시간 채우고, 나머지를 B호스로 3시간 채우면 가득 채울 수 있다고 한다. B호스로만 물통을 가득 채우려면 몇 시간이 걸리는가?

① 4시간 ② 5시간
③ 6시간 ④ 7시간
⑤ 8시간

정답해설 물통에 물이 가득 찼을 때의 물의 양을 1이라고 하면
A호스와 B호스로 1시간 동안 채울 수 있는 물의 양을 각각 x, y라 하면

$$\begin{cases} 4x+2y=1 \\ 2x+3y=1 \end{cases}$$

$x=\frac{1}{8}$, $y=\frac{1}{4}$

따라서 B호스로만 물통을 가득 채우려면 4시간 걸린다.

20 자판기에서 수금한 동전의 총 개수가 257개이다. 50원짜리 동전은 10원짜리 동전보다 15개가 적고, 100원짜리 동전은 10원짜리 동전보다 22개가 많으며, 500원짜리 동전의 합계금액은 12,500원이다. 50원짜리 동전의 합계 금액은?

① 1,000원 ② 1,500원
③ 2,000원 ④ 2,500원
⑤ 3,000원

정답해설 10원짜리 동전의 개수를 x(개)라 할 때, 나머지 동전의 개수는 다음과 같다.
50원짜리 동전의 개수 : $x-15$(개)
100원짜리 동전의 개수 : $x+22$(개)

500원짜리 동전의 개수 : $12,500 \div 500 = 25$(개)
동전의 총 개수가 257개이므로, $257 = x + x - 15 + x + 22 + 25$가 된다.
$\therefore x = 75$(개)
따라서 50원짜리 동전의 개수는 $75 - 15 = 60$(개)이며, 합계 금액은 $50 \times 60 = 3,000$(원)이다.

21 한 개의 주사위를 세 번 던질 때, 나오는 눈이 모두 홀수일 확률은?

① $\frac{1}{3}$
② $\frac{1}{6}$
③ $\frac{1}{8}$
④ $\frac{1}{12}$
⑤ $\frac{1}{15}$

정답해설 주사위를 던질 때 홀수가 나올 확률은 $\frac{1}{2}$이다.
$\therefore$ 세 번을 던져 모두 홀수가 나올 확률$= \frac{1}{2} \times \frac{1}{2} \times \frac{1}{2} = \frac{1}{8}$

22 서로 다른 두 개의 주사위를 동시에 던질 때, 나오는 눈의 합이 2 또는 4가 되는 경우의 수를 구하면?

① 4가지
② 6가지
③ 8가지
④ 10가지
⑤ 12가지

정답해설 서로 다른 주사위 A, B가 나온 눈을 (A, B)로 표시할 때, 각각의 경우의 수는 다음과 같다.
눈의 합이 2가 되는 경우 : (1, 1)
눈의 합이 4가 되는 경우 : (1, 3), (2, 2), (3, 1)
$\therefore$ 눈의 합이 2 또는 4가 되는 경우의 수는 4가지이다.

23 길이가 900m인 화물열차가 어느 터널의 통과하는데 44초가 걸렸고, 길이가 420m인 특급열차가 이 터널을 화물열차의 2배의 속력으로 완전히 통과하는데 16초가 걸렸다. 이때 특급열차의 속력은?

① 40m/s
② 50m/s
③ 60m/s
④ 70m/s
⑤ 80m/s

정답해설 터널의 길이를 xm, 화물열차의 속력을 ym/s라 하면

$\frac{x+900}{y}=44$, $x-44y=-900$ ⋯ ㉠

$\frac{x+420}{2y}=16$, $x-32y=-420$ ⋯ ㉡

㉠, ㉡을 연립하면 $y=40$

화물열차의 속력은 40m/s이므로

특급열차의 속력은 $40\times2=80$m/s

24 여섯 개의 숫자 0, 1, 2, 3, 4, 5에서 서로 다른 세 가지 숫자를 사용하여 만든 세 자리의 자연수 중 5의 배수는 모두 몇 개인가?

① 28
② 32
③ 36
④ 40
⑤ 44

정답해설 (ⅰ) 일의 자리가 0인 경우

백의 자리에 1, 2, 3, 4, 5의 5가지가 올 수 있고, 십의 자리에는 백의 자리의 수를 제외한 4가지가 올 수 있으므로 $5\times4=20$

(ⅱ) 일의 자리가 5인 경우

백의 자리에 1, 2, 3, 4의 4가지가 올 수 있고, 십의 자리에는 백의 자리의 수를 제외한 3가지와 0까지 4가지가 올 수 있으므로 $4\times4=16$

(ⅰ), (ⅱ)에서 $20+16=36$(개)

정답 21 ③ | 22 ① | 23 ⑤ | 24 ③

25 **6개의 문자 a, a, b, b, c, c를 일렬로 배열할 때, a, a는 이웃하지 않도록 배열하는 경우의 수를 구하면?**

① 45 ② 50

③ 55 ④ 60

⑤ 65

정답해설 6개의 문자 a, a, b, b, c, c를 일렬로 배열하는 경우의 수는

$\frac{6!}{2!2!2!}=\frac{6\times5\times4\times3\times2}{2\times2\times2}=90$

a, a를 한 문자 A로 보고 A, b, b, c, c를 일렬로 배열하는 경우의 수는

$\frac{5!}{2!2!}=\frac{5\times4\times3\times2}{2\times2}=30$

따라서 구하는 경우의 수는 $90-30=60$

26 **세 주사위 A, B, C를 동시에 던질 때 나오는 눈의 수의 곱이 짝수인 경우의 수는?**

① 180 ② 183

③ 186 ④ 189

⑤ 192

정답해설 세 주사위 A, B, C에서 나오는 눈의 수를 각각 a, b, c라 할 때,

세 수 a, b, c가 모두 홀수이면 세 수의 곱 a, b, c는 홀수이고,

세 수 a, b, c 중 짝수가 하나라도 있으면 세 수의 곱 a, b, c는 짝수이다.

따라서 구하는 경우의 수는

(전체 경우의 수)−(세 수의 곱이 홀수인 경우의 수)

$=(6\times6\times6)-(3\times3\times3)$

$=216-27$

$=189$

27 A 주머니에는 빨간 펜 3자루, 파란 펜 2자루가 들어 있고, B 주머니에는 빨간 펜 4자루, 파란 펜 2자루가 들어 있다. 주머니 하나를 임의로 택하여 펜 2자루를 꺼냈더니 모두 빨간색이었을 때, 그것이 B 주머니에서 나왔을 확률은?

① $\frac{2}{7}$
② $\frac{3}{7}$
③ $\frac{4}{7}$
④ $\frac{5}{7}$
⑤ $\frac{6}{7}$

정답해설 (i) A 주머니에서 빨간 펜 2자루를 꺼낼 확률

$$\frac{{}_3C_2}{{}_5C_2}=\frac{3}{10}$$

(ii) B 주머니에서 빨간 펜 2자루를 꺼낼 확률

$$\frac{{}_4C_2}{{}_6C_2}=\frac{2}{5}$$

따라서 구하는 확률은 $\dfrac{\frac{2}{5}}{\frac{3}{10}+\frac{2}{5}}=\frac{4}{7}$

28 4문제 중 3문제 이상을 맞히면 합격하는 시험이 있다. 3문제 중 2문제의 비율로 문제를 맞히는 학생이 이 시험에서 합격할 확률은?

① $\frac{16}{27}$
② $\frac{17}{27}$
③ $\frac{2}{3}$
④ $\frac{19}{27}$
⑤ $\frac{20}{27}$

정답 해설 3문제를 맞힐 확률은 ${}_4C_3\left(\frac{2}{3}\right)^3\left(\frac{1}{3}\right)^1=\frac{32}{81}$

4문제를 맞힐 확률은 ${}_4C_4\left(\frac{2}{3}\right)^4\left(\frac{1}{3}\right)^0=\frac{16}{81}$

$\therefore \frac{32}{81}+\frac{16}{81}=\frac{48}{81}=\frac{16}{27}$

29 **어느 공장의 두 기계 A, B는 각각 전체 제품의 30%, 70%를 생산하고 있으며 A, B에서 불량품이 나올 확률은 각각 0.02, 0.03이다. 이 공장에서 만든 불량품 중 하나를 임의로 선택했을 때, 그것이 B에서 만들어졌을 확률은? (단, p, q는 서로소인 자연수)**

① $\frac{7}{9}$ ② $\frac{3}{4}$

③ $\frac{5}{7}$ ④ $\frac{3}{5}$

⑤ $\frac{1}{2}$

정답 해설 주어진 조건을 정리하면

	A기계	B기계	계
불량품이 나올 확률	$0.3\times0.02=0.006$	$0.7\times0.03=0.021$	0.027

따라서 불량품 중 하나를 임의로 선택했을 때, 그것이 B기계에서 만들어졌을 확률은

$\frac{0.021}{0.027}=\frac{21}{27}=\frac{7}{9}$

30 A반과 B반이 배구 시합을 하는데 각 세트 당 A반, B반이 이길 확률은 각각 $\frac{1}{3}$, $\frac{2}{3}$이다. 두 세트를 먼저 이기는 반이 우승한다고 할 때, A반이 우승할 확률은?

① $\frac{1}{9}$ ② $\frac{4}{27}$

③ $\frac{5}{27}$ ④ $\frac{2}{9}$

⑤ $\frac{7}{27}$

정답 해설 A반이 우승하는 경우는 다음 두 가지가 있다.

(i) A반이 1, 2세트를 모두 이기는 경우

$${}_2C_2\left(\frac{1}{3}\right)^2\left(\frac{2}{3}\right)^0=\frac{1}{9}$$

(ii) A반이 1, 2세트 중 한 번 이기고, 3세트에서 이기는 경우

$${}_2C_1\left(\frac{1}{3}\right)^1\left(\frac{2}{3}\right)^1\cdot\frac{1}{3}=\frac{4}{27}$$

따라서 구하는 확률은 $\frac{1}{9}+\frac{4}{27}=\frac{7}{27}$

소요시간		채점결과	
목표시간	25분	총 문항수	30문항
실제 소요시간	( )분 ( )초	맞은 문항 수	( )문항
초과시간	( )분 ( )초	틀린 문항 수	( )문항

2. 수추리

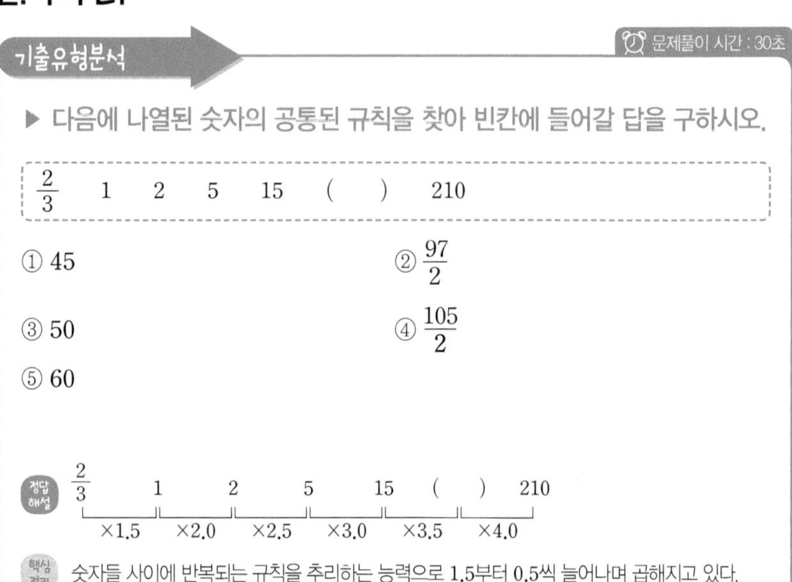

기출유형분석

문제풀이 시간 : 30초

▶ 다음에 나열된 숫자의 공통된 규칙을 찾아 빈칸에 들어갈 답을 구하시오.

$\frac{2}{3}$ 1 2 5 15 ( ) 210

① 45
② $\frac{97}{2}$
③ 50
④ $\frac{105}{2}$
⑤ 60

정답해설

$\frac{2}{3}$ 1 2 5 15 ( ) 210

×1.5 ×2.0 ×2.5 ×3.0 ×3.5 ×4.0

핵심정리 숫자들 사이에 반복되는 규칙을 추리하는 능력으로 1.5부터 0.5씩 늘어나며 곱해지고 있다.

정답 ④

[01~20] 다음에 나열된 숫자의 공통된 규칙을 찾아 빈칸에 들어갈 답을 구하시오.

총 문항 수 : 20문항 | 총 문제풀이 시간 : 10분 | 문항당 문제풀이 시간 : 30초

01 3 5 9 15 23 33 45 ( )

① 51
② 59
③ 75
④ 83
⑤ 97

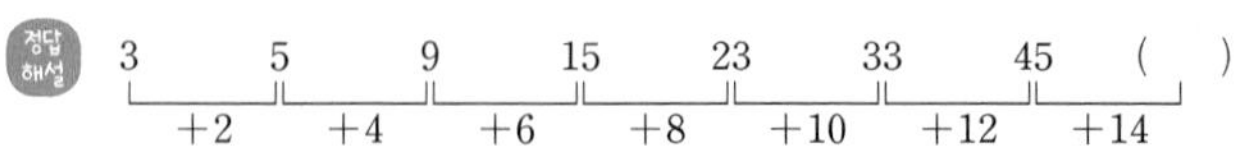

정답해설

3 5 9 15 23 33 45 ( )

+2 +4 +6 +8 +10 +12 +14

02 7 14 11 8 15 12 9 ( )

① 10 ② 12
③ 14 ④ 16
⑤ 17

정답 해설
7 14 11 8 15 12 9 ( )
+7 −3 −3 +7 −3 −3 +7

03 1 2 4 3 4 8 7 ( )

① 7 ② 8
③ 9 ④ 11
⑤ 13

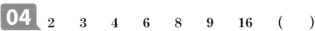

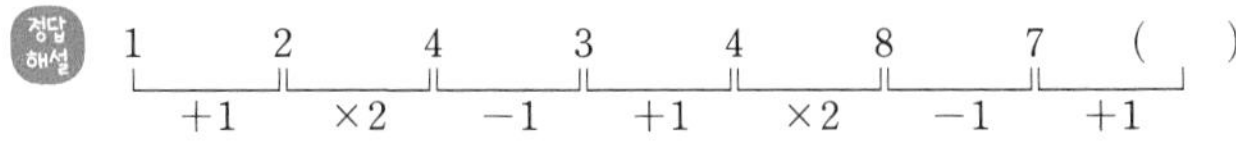

① 10 ② 12
③ 20 ④ 22
⑤ 24

정답해설

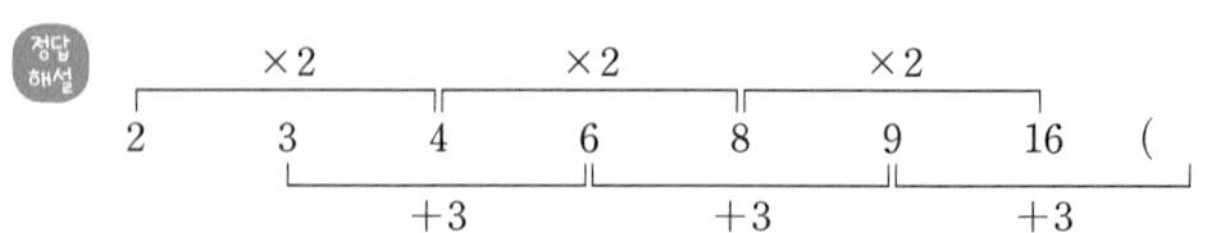

05 0.72 0.216 1.08 0.324 1.62 0.486 2.43 ( )

① 0.729
② 0.837
③ 1.63
④ 1.75
⑤ 2.737

정답해설

0.72 0.216 1.08 0.324 1.62 0.486 2.43 ( )

×0.3 ÷0.2 ×0.3 ÷0.2 ×0.3 ÷0.2 ×0.3

06 10 2 8 7 6 12 4 ( )

① 3
② 5
③ 11
④ 14
⑤ 17

정답해설

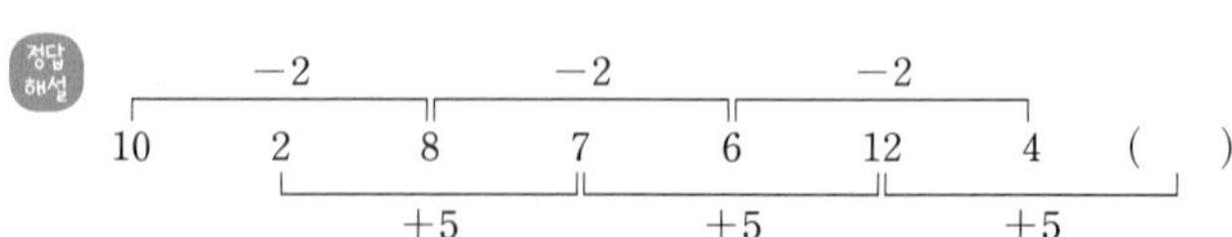

07 **3 9 27 81 243 ( )**

① 486 ② 729
③ 972 ④ 1,215
⑤ 1,458

정답해설 3 ×3 9 ×3 27 ×3 81 ×3 243 ×3 ( )

08 **8 23 67 198 590 ( )**

① 726 ② 844
③ 916 ④ 1,352
⑤ 1,765

정답해설 8 ×3−1 23 ×3−2 67 ×3−3 198 ×3−4 590 ×3−5 ( )

09 **0.3 0.12 0.048 ( ) 0.00768**

① 0.0192 ② 0.0254
③ 0.0374 ④ 0.0726
⑤ 0.0921

정답해설 0.3 ×0.4 0.12 ×0.4 0.048 ×0.4 ( ) ×0.4 0.00768

정답 05 ① | 06 ⑤ | 07 ② | 08 ⑤ | 09 ①

10

11　　33　　36　　12　　36　　39　　(　　)

① 10　　② 11

③ 12　　④ 13

⑤ 14

정답해설

$$\underbrace{11 \quad 33}_{\times 3}\ \underbrace{\quad 36}_{+3}\ \underbrace{\quad 12}_{\div 3}\ \underbrace{\quad 36}_{\times 3}\ \underbrace{\quad 39}_{+3}\ \underbrace{\quad (\quad)}_{\div 3}$$

11　33　36　12　36　39　(　)

×3　+3　÷3　×3　+3　÷3

11

$\mathbf{\frac{1}{3}}$　$\mathbf{\frac{2}{5}}$　$\mathbf{\frac{4}{7}}$　(　　)　$\mathbf{\frac{16}{11}}$

① $\frac{2}{9}$　　② $\frac{4}{9}$

③ $\frac{6}{9}$　　④ $\frac{8}{9}$

⑤ $\frac{10}{9}$

정답해설 분모는 $(+2)$씩, 분자는 $(\times 2)$씩 늘어나고 있으므로

빈칸에 들어갈 숫자는 $\frac{8}{9}$

12 1 4 9 16 ( ) 36

① 10 ② 15
③ 20 ④ 25
⑤ 30

정답 해설 $1^2=1$, $2^2=4$, $3^2=9$, $4^2=16$, $(5^2=25)$, $6^2=36$

13 4 4 8 ( ) 28

① 16 ② 17
③ 18 ④ 19
⑤ 20

정답 해설

4 → 4 → 8 → ( ) → 28

+0, +4, +8, +12

14 1 2 3 4 6 ( ) 12 24

① 7 ② 8
③ 9 ④ 10
⑤ 11

정답 해설 24의 양의 약수들로 이루어져 있으므로 빈칸에 들어갈 숫자는 8이다.

정답 10 ④ | 11 ④ | 12 ④ | 13 ① | 14 ②

15 $3 \quad 3 \quad \frac{3}{2} \quad \frac{3}{8} \quad (\quad)$

① $\frac{3}{12}$
② $\frac{3}{16}$
③ $\frac{3}{24}$
④ $\frac{3}{32}$
⑤ $\frac{3}{64}$

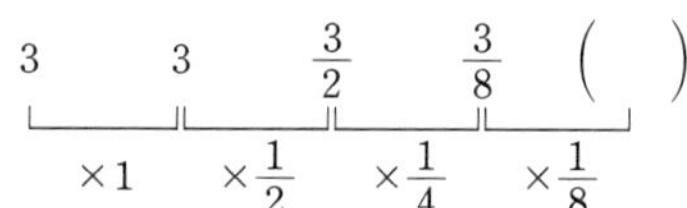

16 5 8 13 21 34 ( )

① 35
② 40
③ 43
④ 45
⑤ 55

정답해설

5+8=13
8+13=21
13+21=34
21+34=(55)

17 4 5 3 7 −1 15 −17 ( )

① 44
② 45
③ 46
④ 47
⑤ 48

정답해설
4 5 3 7 −1 15 −17 ( )
+1 −2 +4 −8 +16 −32 +64

18 3 1 6 $\frac{1}{5}$ 9 $\frac{1}{25}$ 12 ( ) 15

① $\frac{1}{120}$
② $\frac{1}{125}$
③ $\frac{1}{130}$
④ $\frac{1}{135}$
⑤ $\frac{1}{140}$

정답해설
+3 +3 +3 +3
3 1 6 $\frac{1}{5}$ 9 $\frac{1}{25}$ 12 ( ) 15
$\times\frac{1}{5}$ $\times\frac{1}{5}$ $\times\frac{1}{5}$

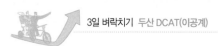

19 13　18　8　23　3　28　−2　(　)

① 0　② 22

③ 33　④ 44

⑤ 55

정답 해설

13　18　8　23　3　28　−2　(　)

+5　−10　+15　−20　+25　−30　+35

20 0.7　$\frac{1}{7}$　0.21　$\frac{1}{21}$　0.063　$\frac{1}{63}$　(　)

① 0.0109　② 0.0149

③ 0.0189　④ 0.0219

⑤ 0.0249

정답 해설

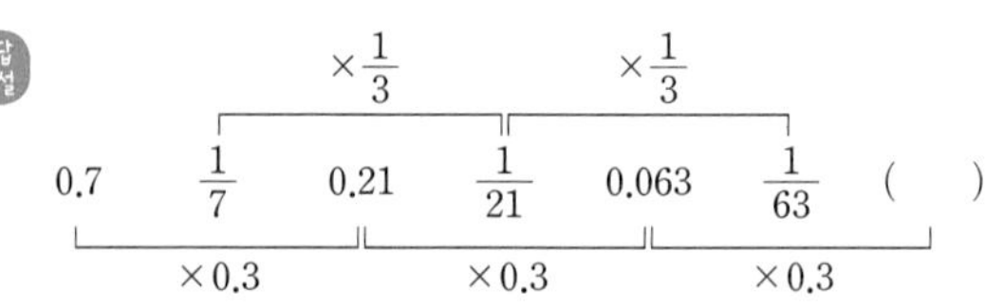

[21~30] 다음에 제시된 그림을 이해하고 '?'에 들어갈 숫자를 구하시오.

총 문항 수 : 10문항 | 총 문제풀이 시간 : 5분 | 문항당 문제풀이 시간 : 30초

21

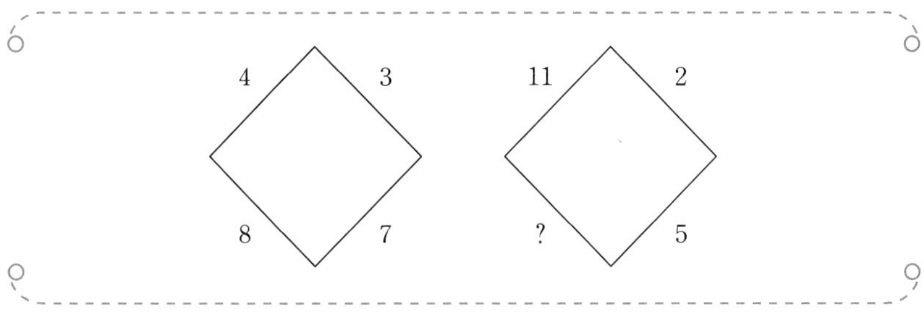

① 11
② 12
③ 13
④ 14
⑤ 15

정답 해설 4+7=3+8, 11+5=2+?

22

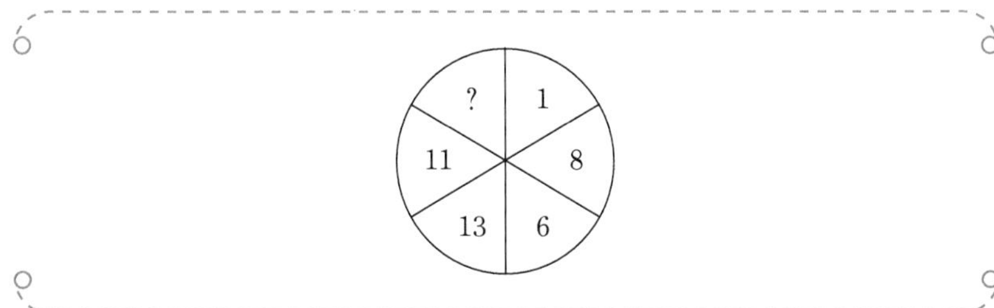

① 14　　② 15
③ 16　　④ 17
⑤ 18

정답 해설

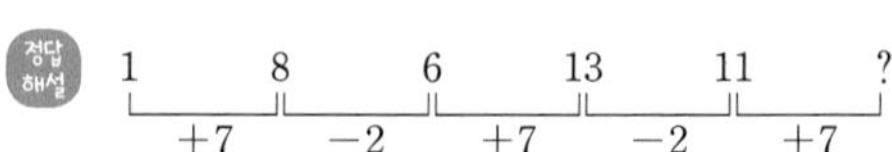

이 문제 중요!

23

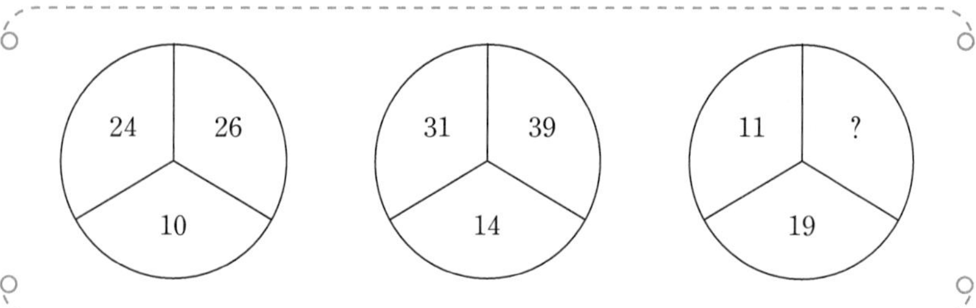

① 78　　② 80
③ 82　　④ 84
⑤ 86

정답 해설 $\frac{24+26}{5}=10$, $\frac{31+39}{5}=14$, $\frac{11+?}{5}=19$

24

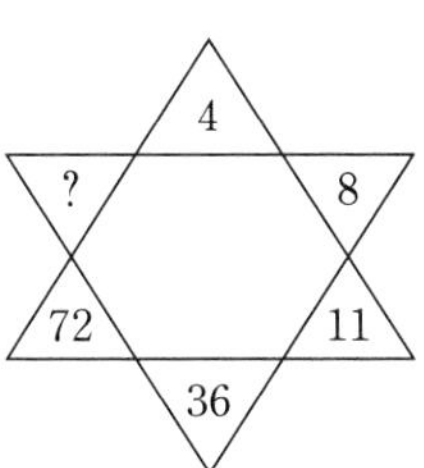

① 77
② 80
③ 84
④ 88
⑤ 99

정답 해설

$4 \times 9 = 36$

$8 \times 9 = 72$

$11 \times 9 = ?$

25

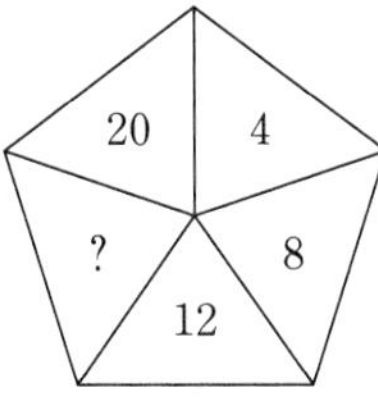

① 14
② 15
③ 16
④ 17
⑤ 18

정답 23 ④ | 24 ⑤ | 25 ③

$4+4=8$

$8+4=12$

$12+4=(16)$

$(16)+4=20$

26

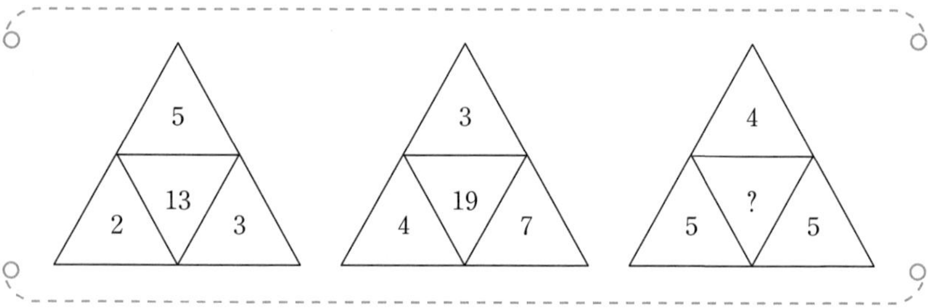

① 24 ② 25

③ 26 ④ 27

⑤ 28

도형의 맨 위의 숫자와 왼쪽 아래 숫자를 곱한 후 오른쪽 아래 숫자를 더하면 가운데 삼각형 안의 숫자가 나온다.

$\therefore 4\times5+5=25$

27

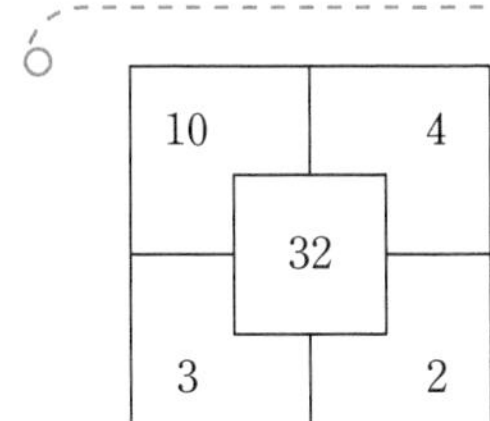

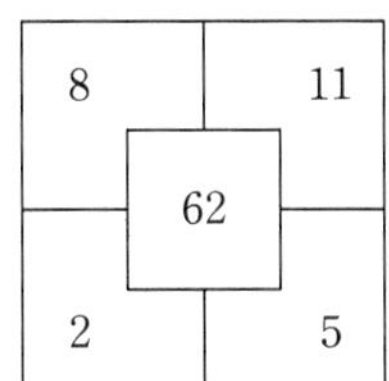

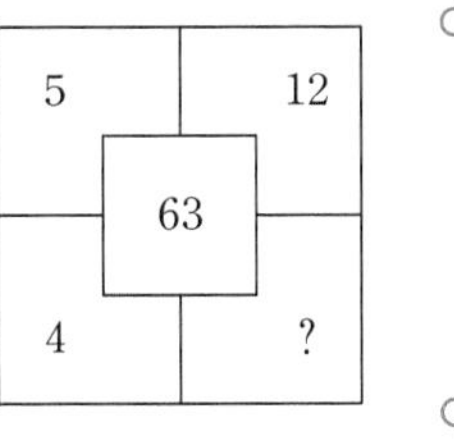

① 1　　② 2
③ 3　　④ 4
⑤ 5

정답 해설 주어진 큰 도형에서 대각선끼리 곱한 뒤 더한 값이 가운데 사각형 안의 숫자가 나온다.

$(10\times2)+(4\times3)=32$

$(8\times5)+(11\times2)=62$

$(5\times?)+(12\times4)=63$

28

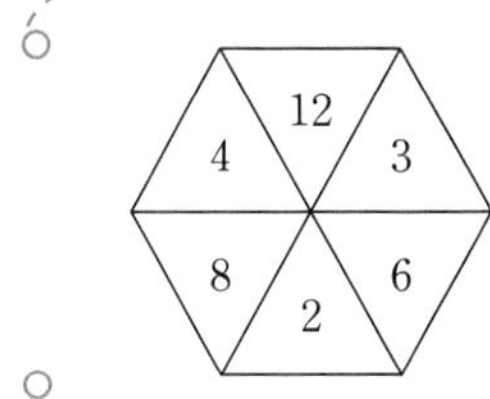

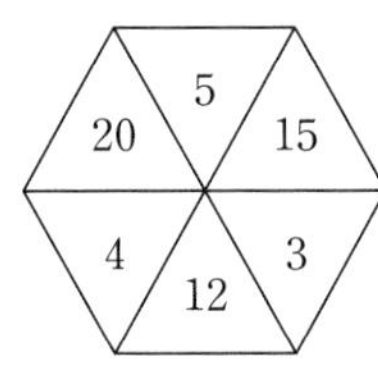

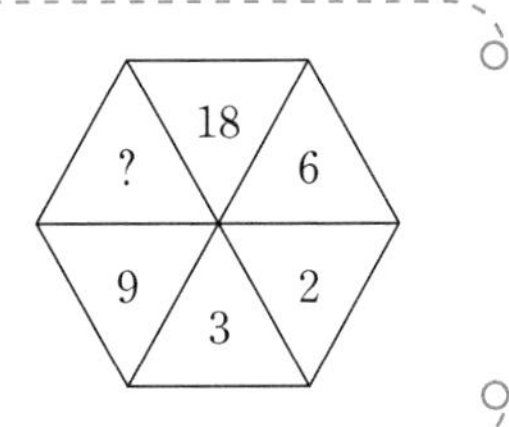

① 23　　② 24
③ 25　　④ 26
⑤ 27

정답해설 육각형의 서로 반대편의 숫자를 곱했을 때 모두 같은 수가 나온다.

$4\times6=12\times2=3\times8$

$20\times3=5\times12=15\times4$

$?\times2=18\times3=6\times9$

29

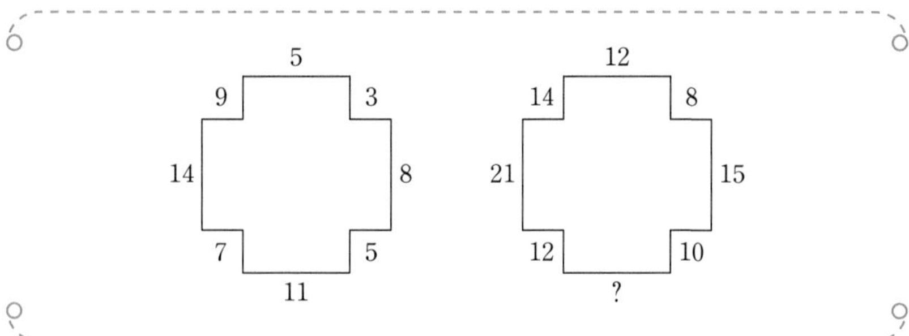

① 12
② 14
③ 16
④ 18
⑤ 20

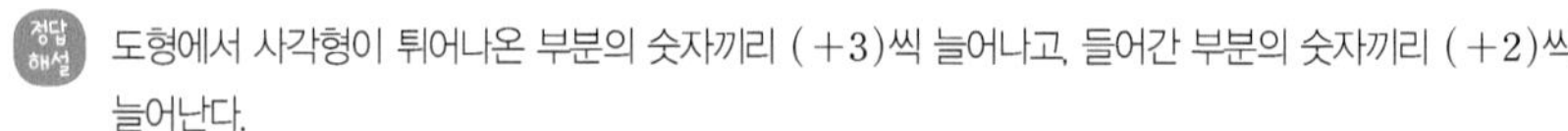
정답해설 도형에서 사각형이 튀어나온 부분의 숫자끼리 (+3)씩 늘어나고, 들어간 부분의 숫자끼리 (+2)씩 늘어난다.

+2 (3→5), +2 (5→7), +2 (7→9)

5 3 8 5 11 7 14 9

+3 (5→8), +3 (8→11), +3 (11→14)

+2 (8→10), +2 (10→12), +2 (12→14)

12 8 15 10 ? 12 21 14

+3 (12→15), +3 (15→?), +3 (?→21)

30

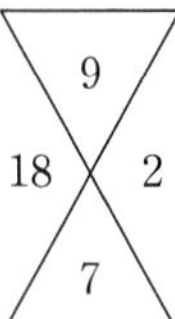

2
9
3
36

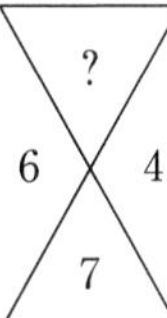

① 6
② 7
③ 8
④ 9
⑤ 10

도형에서 서로 마주보고 있는 숫자들을 곱해보면 둘의 관계를 알 수 있다.

$9\times7=63$, $18\times2=36$

$2\times36=72$, $9\times3=27$

$?\times7=42$, $6\times4=24$

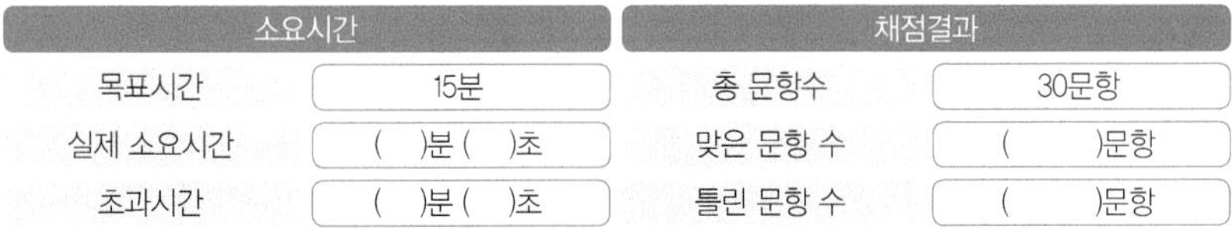

소요시간		채점결과	
목표시간	15분	총 문항수	30문항
실제 소요시간	( )분 ( )초	맞은 문항 수	( )문항
초과시간	( )분 ( )초	틀린 문항 수	( )문항

정답 29 ④ | 30 ①

3. 알고리즘

기출유형분석

⏰ 문제풀이 시간 : 40초

▶ 다음 순서도에서 출력되는 a의 값을 구하시오.

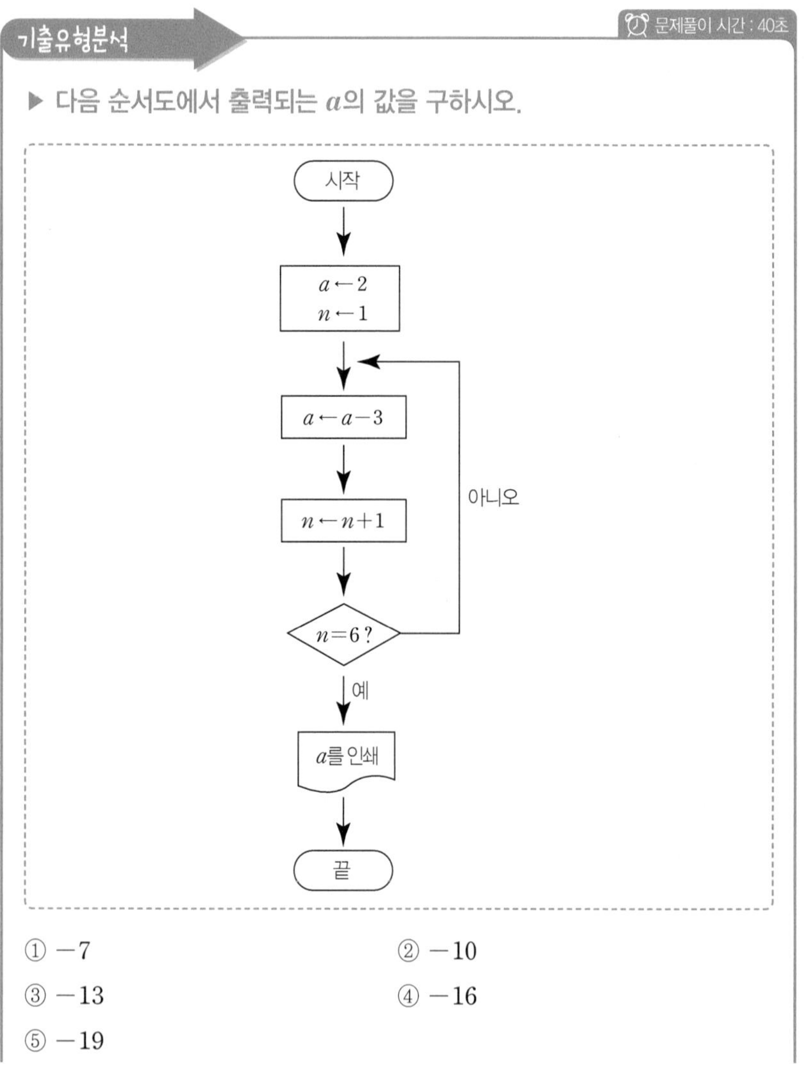

① -7　　② -10

③ -13　　④ -16

⑤ -19

a	n	$a \leftarrow a-3$	$n \leftarrow n+1$
2	1	$-1 \leftarrow 2-3$	$2 \leftarrow 1+1$
-1	2	$-4 \leftarrow (-1)-3$	$3 \leftarrow 2+1$
-4	3	$-7 \leftarrow (-4)-3$	$4 \leftarrow 3+1$
-7	4	$-10 \leftarrow (-7)-3$	$5 \leftarrow 4+1$
-10	5	$-13 \leftarrow (-10)-3$	$6 \leftarrow 5+1$ $\Rightarrow a$의 값 인쇄

순서도에 명시된 명령에 따르면서 계산하는 문제유형이다. 순서도를 이해하는 데 중점을 두어야 한다. 계산은 단순할 수 있지만, 해석이 필요하거나 명령이 많을 수가 있으므로 풀이시간에 주의해야 한다.

알고리즘과 순서도

- **알고리즘과 순서도의 의미**
  - 알고리즘(algorithm) : 문제의 해결에서 필요한 유한 번의 단계적인 계산 방법이나 처리 과정의 순서이다.
  - 순서도(flow chart) : 알고리즘의 내용을 알기 쉽게 기호를 사용하여 그림으로 나타낸 것을 말하며, 순서도에서 같은 처리 또는 판단이 반복되는 부분을 루프(loop)라고 한다.
- **순서도에 사용되는 기호**

	순서도의 시작과 끝을 나타내는 기호
	값을 대입하거나 계산을 처리하는 기호
	몇 가지의 경로에서 결정이나 판단을 하는 기호
	인쇄하는 내용을 나타내는 기호
	작업의 흐름을 나타내는 기호

정답 ③

[01~06] 다음에 제시된 순서도를 보고 물음에 알맞은 답을 구하시오.

총 문항 수 : 6문항 | 총 문제풀이 시간 : 4분 | 문항당 문제풀이 시간 : 40초

이 문제 중요!

01 다음 순서도에서 $a \leftarrow a-3$ 에 해당하는 계산은 몇 번 실행되는가?

시작

$a \leftarrow 100$
$N \leftarrow 1$

$a \leftarrow a-3$

$N \leftarrow N+1$

$a<0$?

아니오

예

a를 인쇄

끝

① 31회
② 32회
③ 33회
④ 34회
⑤ 35회

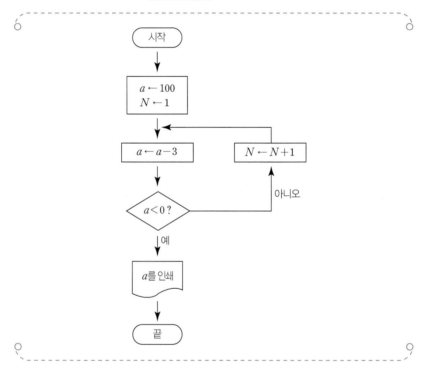

a	N	$a \leftarrow a-3$	$N \leftarrow N+1$
100	1	$97 \leftarrow 100-3$	$2 \leftarrow 1+1$
97	2	$94 \leftarrow 97-3$	$3 \leftarrow 2+1$

따라서 $100-3N<0$, $N>\frac{100}{3}=33.3$ $\therefore$ 34회 실행된다.

02 다음 순서도에서 출력되는 S의 값은?

시작

$S \leftarrow 0$
$N \leftarrow 1$

$N \leftarrow N+1$

$S \leftarrow N^2+N$

$N > 10?$ (아니오 → $N \leftarrow N+1$로, 예 → 다음)

S를 인쇄

종료

① 72　　② 90

③ 110　　④ 132

⑤ 156

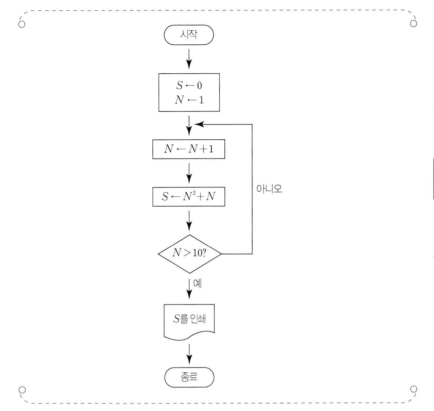

S	N	$N \leftarrow N+1$	$S \leftarrow N^2+N$
0	1	$2 \leftarrow 1+1$	$6 \leftarrow 2^2+2$
6	2	$3 \leftarrow 2+1$	$12 \leftarrow 3^2+3$
⋮	⋮	⋮	⋮
110	10	$11 \leftarrow 10+1$	$132 \leftarrow 11^2+11$

정답 01 ④ | 02 ④

이 문제 중요!

03 다음 순서도에서 출력되는 N의 값은?

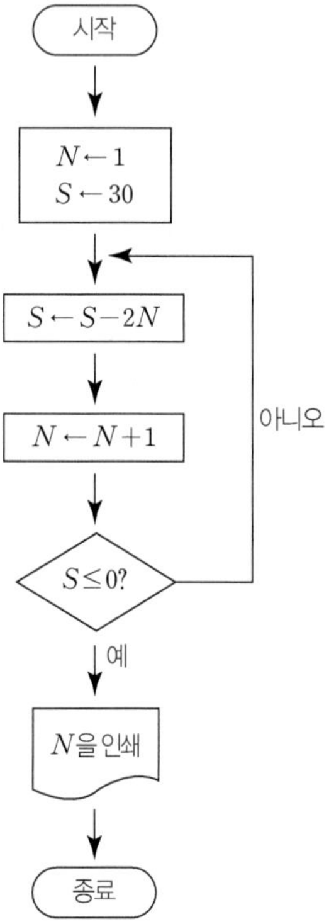

시작

↓

$N \leftarrow 1$
$S \leftarrow 30$

↓

$S \leftarrow S-2N$

↓

$N \leftarrow N+1$

↓

$S \leq 0?$ (아니오 → $S \leftarrow S-2N$으로)

↓ 예

N을 인쇄

↓

종료

① 5
② 6
③ 7
④ 8
⑤ 9

정답 해설

N	S	$S \leftarrow S-2N$	$N \leftarrow N+1$
1	30	$28 \leftarrow 30-2\times1$	$2 \leftarrow 1+1$
2	28	$24 \leftarrow 28-2\times2$	$3 \leftarrow 2+1$
3	24	$18 \leftarrow 24-2\times3$	$4 \leftarrow 3+1$
4	18	$10 \leftarrow 18-2\times4$	$5 \leftarrow 4+1$
5	10	$0 \leftarrow 10-2\times5$	$6 \leftarrow 5+1$

04 다음 순서도에서 인쇄되는 A의 값은?

시작

$A \leftarrow 1$
$n \leftarrow 1$

$A \leftarrow 2A+1$

$n \leftarrow n+1$

$n=7?$ (아니오 → $A \leftarrow 2A+1$로)

예

A를 인쇄

종료

① 31　　② 63
③ 127　　④ 255
⑤ 511

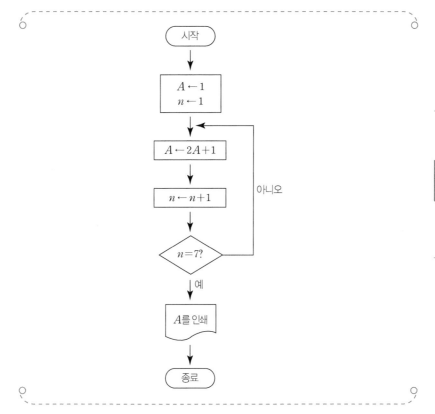

A	n	$A \leftarrow 2A+1$	$n \leftarrow n+1$
1	1	$3 \leftarrow 2\times1+1$	$2 \leftarrow 1+1$
3	2	$7 \leftarrow 2\times3+1$	$3 \leftarrow 2+1$
7	3	$15 \leftarrow 2\times7+1$	$4 \leftarrow 3+1$
15	4	$31 \leftarrow 2\times15+1$	$5 \leftarrow 4+1$
31	5	$63 \leftarrow 2\times31+1$	$6 \leftarrow 5+1$
63	6	$127 \leftarrow 2\times63+1$	$7 \leftarrow 6+1$

정답 03 ② | 04 ③

05 다음 순서도에서 인쇄되는 S의 값은?

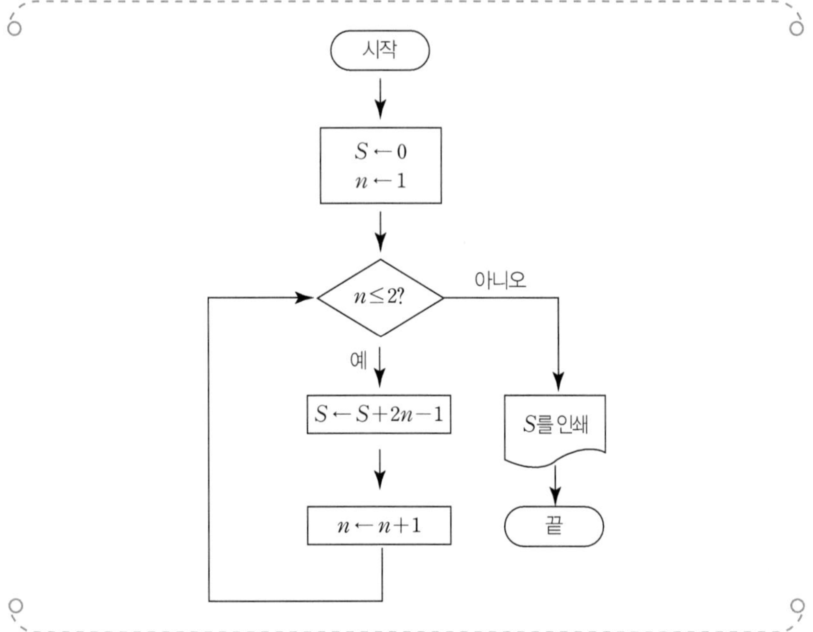

① 1
② 4
③ 9
④ 16
⑤ 25

S	n	$S \leftarrow S+2n-1$	$n \leftarrow n+1$
0	1	$1 \leftarrow 0+2\times1-1$	$2 \leftarrow 1+1$
1	2	$4 \leftarrow 1+2\times2-1$	$3 \leftarrow 2+1 \Rightarrow S$를 인쇄

06 다음 순서도에서 출력되는 a의 값은?

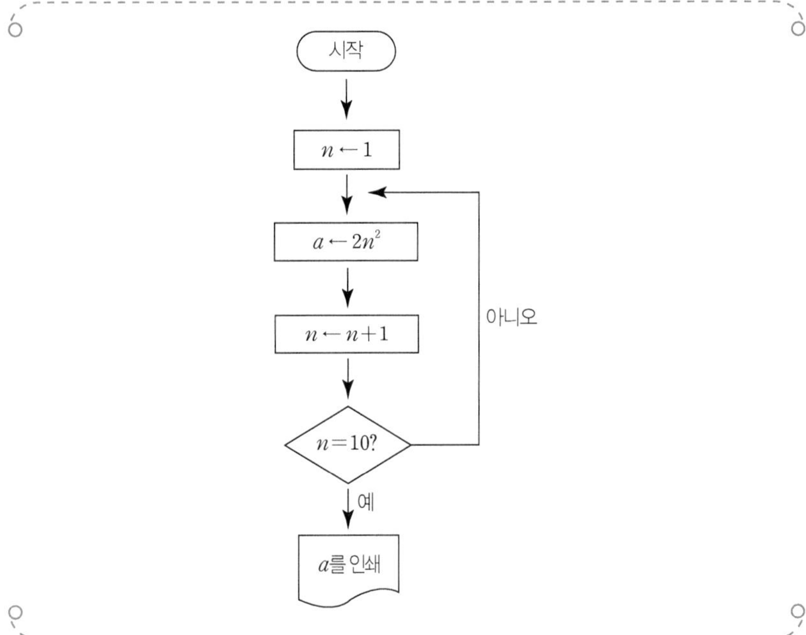

① 128
② 162
③ 200
④ 242
⑤ 288

n	$a \leftarrow 2n^2$	$n \leftarrow n+1$
1	$2 \leftarrow 2\times1^2$	$2 \leftarrow 1+1$
2	$8 \leftarrow 2\times2^2$	$3 \leftarrow 2+1$
⋮	⋮	⋮
9	$162 \leftarrow 2\times9^2$	$10 \leftarrow 9+1$

소요시간		채점결과	
목표시간	4분	총 문항수	6문항
실제 소요시간	( )분 ( )초	맞은 문항 수	( )문항
초과시간	( )분 ( )초	틀린 문항 수	( )문항

정답 05 ② | 06 ②

4. 자료해석

기출유형분석

문제풀이 시간 : 2분

▶ 다음은 65세 이상 진료비 및 약품비에 대한 자료이다. 표를 참고하여 물음에 답하시오. **(01~02)**

노인인구 진료비

(단위 : 억 원)

구분	2019년	2020년	2021년
총 진료비	580,170	646,623	696,271
노인인구 진료비	213,615	245,643	271,357

노인인구 약품비

(단위 : 억 원)

구분	2019년	2020년	2021년
총 약품비	139,259	152,905	162,179
노인인구 약품비	53,864	59,850	64,966

01 **2021년 노인인구의 진료비와 약품비의 비중을 각각 구하면? (단, 소수점 둘째 자리에서 반올림한다.)**

	진료비	약품비		진료비	약품비
①	36%	43.1%	②	37%	42.1%
③	38%	41.1%	④	39%	40.1%
⑤	40%	39.1%			

정답 해설 2021년 노인인구의 진료비의 비중은 $\frac{271,357}{696,271}\times100≒39\%$

노인인구의 약품비의 비중은 $\frac{64,966}{162,179}\times100≒40.1\%$

02 위의 자료에 대한 설명으로 옳지 않은 것은? (단, 소수점 둘째 자리에서 반올림한다.)

① 총 진료비는 증가하고 있다.

② 2020년 노인인구 약품비의 비중은 전년대비 약 0.4% 증가하였다.

③ 2019년 노인인구 진료비의 비중은 약 36.8%이다.

④ 2021년 노인인구 진료비의 비중은 전년대비 약 3% 증가하였다.

⑤ 총 약품비는 증가하고 있다.

1DAY 2DAY 3DAY

④ 2020년 노인인구 진료비의 비중은 $\frac{245,643}{646,623} \times 100 ≒ 38\%$이고,

2021년 노인인구 진료비의 비중은 39%이므로 전년대비 약 1% 증가하였다.

① 노인인구 진료비 표에서 알 수 있다.

② 2019년 노인인구 약품비의 비중은 $\frac{53,864}{139,259} \times 100 ≒ 38.7\%$이고,

2020년 노인인구 약품비의 비중은 $\frac{59,850}{152,905} \times 100 ≒ 39.1\%$ 전년대비 약 0.4% 증가하였다.

③ 2019년 노인인구 진료비의 비중은 $\frac{213,615}{580,170} \times 100 ≒ 36.8\%$이다.

⑤ 노인인구 약품비 표에서 알 수 있다.

자료해석 문제를 푸는 노하우

- **오답 제거하기** : 자료분석은 자료를 얼마나 빠르고 정확하게 해석할 수 있는가에 중점을 두고 있으므로, 선택지 중에는 계산과정 없이도 걸러낼 수 있는 오답이 상당수 있다.
- **자의적으로 판단하지 말 것** : 자료분석 문제를 해결하기 위해서는 추론 과정을 거쳐야 한다. 이 과정에서 주의해야 할 점은 어디까지나 주어진 자료 내에서의 추론이어야 한다는 것이다. 내용상으로는 사실인 문장이지만 자료만으로 판단할 수 없는 선택지는 오답이 된다. 실수하기 쉬운 부분이므로 주의가 필요하다.
- **지시문과 선택지로 문제 파악하기** : 지시문과 선택지를 먼저 파악하여 풀이 시간을 줄일 수 있는 문제들이 상당수 존재한다. 문제와 선택지를 읽은 후 자료를 통해 무엇을 구해야 하는지 파악하고 주어진 자료를 훑어보며 필요 항목에 체크하며 문제를 해결한다.

정답 01 ④ | 02 ④

[01~02] 다음 정보와 표를 바탕으로 물음에 답하시오.

총 문항 수 : 2문항 | 총 문제풀이 시간 : 2분 40초 | 문항당 문제풀이 시간 : 1분 20초

17일(월) 대구에서 열리는 환경 보존 세미나가 있어 국회 직원들이 기차를 타고 대구에 가게 되었다. A는 17일 당일 광명역에서 동대구역으로 가는 기차표를 9일 전에 예매하였다. B는 17일 당일에 광명역에서 동대구행 기차표를 구매하였다. C는 대구에 있는 친지 방문을 위해서 16일(일)에 서울역에서 동대구역으로 가는 기차표를 전월 30일에 예매하였다. 단, 환경 보존 세미나는 공휴일에 열리지 않는다.

열차 운임표

→ 역간운임(원)

↓ 역간거리(km)

서울	8,000	12,000	21,000	28,000	30,000	34,000
22.0	광명	10,000	19,000	27,000	28,000	32,000
96.0	74.0	천안 안산	8,000	16,000	18,000	23,000
159.8	137.8	63.8	대전	8,000	10,000	15,000
247.3	225.3	151.3	87.5	김천	8,000	8,000
270.2	248.2	174.2	110.4	22.9	구미	8,000
319.8	297.8	223.8	160	72.5	49.6	동대구

열차 할인율

구분		열차 출발일	
		월~금요일	토 · 일 · 공휴일
승차권 구입시기	열차출발 2개월 전부터 30일 전까지	20% 할인	10% 할인
	열차출발 29일 전부터 15일 전까지	15% 할인	7% 할인
	열차출발 14일 전부터 7일 전까지	10% 할인	4% 할인

01 A의 열차 운임은 얼마인가?

① 28,800원

② 29,800원

③ 30,800원

④ 31,800원

⑤ 32,800원

출발 9일 전에 예매하였으므로 10% 할인, $32,000 \times 0.1 = 3,200$(원)

$\therefore 32,000 - 3,200 = 28,800$(원)

이 문제 중요!

02 A, B, C의 열차 운임의 합계를 구하면?

① 92,380원

② 92,390원

③ 92,400원

④ 92,410원

⑤ 92,420원

A : 출발 9일 전에 예매하였으므로 10% 할인

$32,000 \times 0.1 = 3,200$(원), $32,000 - 3,200 = 28,800$(원)

B : 출발 당일에 예매하였으므로 할인이 적용되지 않음, 32,000(원)

C : 출발 17일 전에 예매하였고 출발일이 일요일이므로 7% 할인

$34,000 \times 0.07 = 2,380$(원), $34,000 - 2,380 = 31,620$(원)

$\therefore 28,800 + 32,000 + 31,620 = 92,420$(원)

[03~04] 다음은 출산순위 및 지역별로 출생성비를 나타낸 것이다. 자료를 참고하여 물음에 답하시오.

총 문항 수 : 2문항 | 총 문제풀이 시간 : 2분 20초 | 문항당 문제풀이 시간 : 1분 10초

출산순위별 출생성비

(단위 : 여아 100명당 남아 수)

구분 \ 연도	2012	2013	2014	2015	2016	2017	2018	2019	2020	2021
총 출생성비	113.6	115.3	115.2	113.2	111.6	108.2	110.1	109.6	110.2	109.0
첫째아	106.2	106.4	106.0	105.8	105.3	105.1	105.9	105.6	106.2	105.4
둘째아	112.4	114.7	114.1	111.7	109.8	106.3	108.0	107.6	107.4	106.4
셋째아 이상	194.5	206.6	205.1	180.2	166.2	135.5	145.6	143.1	143.9	141.4

지역별 출생성비(2021년)

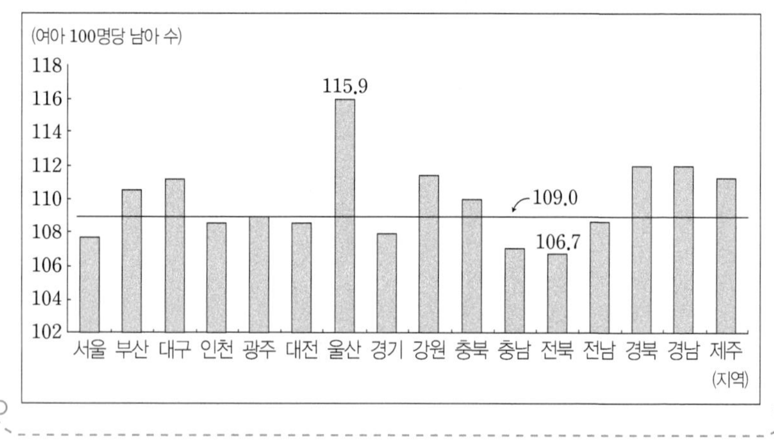

03 **2021년에 태어난 첫째아 중 남자아이의 수가 300명이라면, 같은 해에 첫째아로 태어난 여자아이의 수는? (단, 소수점 첫째 자리에서 반올림한다.)**

① 284명 ② 285명
③ 286명 ④ 287명
⑤ 288명

2021년의 첫째아 성비는 여아 100명을 기준으로 하여 남아가 105.4명이므로,
$100:105.4=x:300$
$105.4x=30{,}000$
$x≒285$(명)

04 **2021년 울산과 전북에 각각 250명씩의 여자아이가 태어났다고 한다. 같은 해 울산에서 태어난 남자아이의 수와 전북에서 태어난 남자아이의 수를 바르게 비교한 것은? (단, 소수점 첫째 자리에서 반올림한다.)**

① 울산이 23명 더 많다. ② 전북이 24명 더 많다.
③ 울산이 25명 더 많다. ④ 전북이 26명 더 많다.
⑤ 울산이 27명 더 많다.

울산의 경우,
$100:115.9=250:x$
$100x=28{,}975$
$x≒290$(명)
전북의 경우,
$100:106.7=250:x$
$100x=26{,}675$
$x≒267$(명)
$\therefore 290-267=23$(명)

정답 03 ② | 04 ①

[05~06] 다음은 성 · 연령별 이혼에 대한 자료이다. 자료를 참고하여 물음에 답하시오.

총 문항 수 : 2문항 | 총 문제풀이 시간 : 2분 20초 | 문항당 문제풀이 시간 : 1분 10초

남성의 연령별 이혼건수

(단위 : 천 건)

구분	2019년	2020년	2021년
계	109.2	107.3	106.0
19세 이하	0.0	0.0	0.0
20~24세	1.1	1.1	1.1
25~29세	3.3	3.2	3.3
30~34세	9.9	9.5	8.8
35~39세	14.7	14.6	14.6
40~44세	19.5	18.0	16.7
45~49세	20.3	20.1	19.8
50~54세	17.2	16.6	16.1
55~59세	11.6	11.9	12.0
60세 이상	11.6	12.3	13.6

여성의 연령별 이혼건수

(단위 : 천 건)

구분	2019년	2020년	2021년
계	109.2	107.3	106.0
19세 이하	0.2	0.2	0.2
20~24세	3.1	3.0	2.8
25~29세	7.3	7.2	7.1
30~34세	14.3	13.6	12.9
35~39세	17.0	16.7	16.9
40~44세	20.8	19.2	18.1
45~49세	18.7	18.9	19.3
50~54세	13.3	13.0	12.8
55~59세	8.2	8.5	7.9
60세 이상	6.3	7.0	8.0

05 위의 자료에 대한 설명으로 옳은 것은?

① 2021년 남성의 이혼 수는 전년대비 모두 감소했다.

② 2019년 여성의 이혼율은 40대 후반이 가장 높다.

③ 2021년 30대 후반 여성의 이혼 수는 전년대비 증가했다.

④ 여성의 이혼 건수는 매년 늘어나고 있다.

⑤ 2021년 남성의 연령별 이혼율은 40대 초반이 20대 후반보다 약 10배 높다.

정답해설 ③ 2020년은 16.7천 건이고, 2021년은 16.9천 건이므로 전년대비 증가했다.

① 2021년 남성의 이혼 수는 전년대비 30대 초반, 40대 초반부터 50대 초반까지만 감소했다.

② 2019년 여성의 이혼율은 40대 초반이 $\frac{20.8}{109.2}\times100 ≒ 19\%$로 가장 높다.

④ 여성의 이혼 건수는 매년 늘어나고 있지 않다.

⑤ 20대 후반$=\frac{3.3}{106}\times100 ≒ 3.1\%$이고, 40대 초반$=\frac{16.7}{106}\times100 ≒ 15.8\%$이므로 약 5배 높다.

06 40대 후반 남녀의 이혼율이 가장 높은 연도는?

	남성	여성
①	2019년	2020년
②	2020년	2021년
③	2021년	2021년
④	2021년	2020년
⑤	2020년	2019년

정답해설 남성의 경우

$2019년=\frac{20.3}{109.2}\times 100 ≒ 18.59\%$

$2020년=\frac{20.1}{107.3}\times 100 ≒ 18.73\%$

$2021년=\frac{19.8}{106}\times 100 ≒ 18.68\%$

여성의 경우

$2019년=\frac{18.7}{109.2}\times 100 ≒ 17.12\%$

$2020년=\frac{18.9}{107.3}\times 100 ≒ 17.61\%$

$2021년=\frac{19.3}{106}\times 100 ≒ 18.20\%$

따라서 남성의 경우 2020년, 여성의 경우 2021년이 가장 높다.

[07~08] 다음은 A시의 교육여건을 나타낸 자료이다. 표를 참고하여 물음에 답하시오.

총 문항 수 : 2문항 | 총 문제풀이 시간 : 2분 | 문항당 문제풀이 시간 : 1분

A시의 교육여건

교육여건 / 학교급	전체 학교 수	학교당 학급 수	학급당 주간 수업시수(시간)	학급당 학생 수	학급당 교원 수	교원당 학생 수
초등학교	150	30	28	32	1.3	25
중학교	70	36	34	35	1.8	19
고등학교	60	33	35	32	2.1	15

07 중학교와 고등학교의 총 학생 수의 차이는?

① 24,810명	② 24,820명
③ 24,830명	④ 24,840명
⑤ 24,850명	

총 학생 수 = 전체 학교 수 × 학교당 학급 수 × 학급당 학생 수
중학교의 총 학생 수 : 70 × 36 × 35 = 88,200(명)
고등학교의 총 학생 수 : 60 × 33 × 32 = 63,360(명)
∴ 88,200 − 63,360 = 24,840(명)

1DAY
2DAY
3DAY

08 초등학교의 주간 수업시수의 합과 중학교의 주간 수업시수의 합은?

	초등학교	중학교		초등학교	중학교
①	69,300	69,300	②	85,680	69,300
③	85,680	85,680	④	126,000	69,300
⑤	126,000	85,680			

정답 해설
총 주간 수업시수 = 전체 학교 수 × 학교당 학급 수 × 학급당 주간 수업시수(시간)
초등학교의 주간 수업시수 : 150 × 30 × 28 = 126,000(시간)
중학교의 주간 수업시수 : 70 × 36 × 34 = 85,680(시간)

[09~10] 다음은 지난 기간 규제개혁 프로그램의 실행 결과를 중앙행정기관별로 정리한 규제 수 변동내역이다. 표를 참고하여 물음에 답하시오.

총 문항 수 : 2문항 | 총 문제풀이 시간 : 2분 | 문항당 문제풀이 시간 : 1분

규제개혁 프로그램 실행 결과

(단위 : 건)

중앙 행정기관	최초 등록 규제 수	규제 수 변경					현재 등록 규제 수
		증가			감소		
		신설	누락등록	기타	폐지	기타	
조달청	27	4	2	0	22	0	11
통계청	10	0	1	0	7	0	4
병무청	29	3	0	0	2	1	29
경찰청	382	14	2	30	141	51	236
기상청	28	1	0	0	14	1	14
농촌진흥청	14	1	0	1	8	0	8
산림청	254	17	8	58	118	85	134
중소기업청	84	10	16	0	46	2	62
특허청	60	1	7	0	27	2	39
식품의약품 안전청	256	22	0	2	132	6	142
철도청	53	0	2	0	26	1	28
해양경찰청	122	21	0	0	57	13	73
문화재청	133	8	3	0	55	2	87
방송위원회	0	32	1	0	0	0	33

※ 규제폐지율＝(폐지한 규제 수 / 최초 등록 규제 수)×100

※ 순규제폐지 수＝감소한 규제 수－증가한 규제 수

※ 순규제폐지율＝(순규제폐지 수 / 최초 등록 규제 수)×100

09 경찰청과 조달청의 규제폐지율은? (단, 소수 셋째 자리에서 반올림한다.)

	경찰청	조달청		경찰청	조달청
①	36.91%	81.48%	②	36.91%	81.49%
③	36.92%	81.48%	④	36.92%	81.49%
⑤	36.93%	81.48%			

정답해설 규제폐지율＝(폐지한 규제 수 / 최초 등록 규제 수)×100

경찰청의 규제폐지율 : $\frac{141}{382}\times 100 \fallingdotseq 36.91(\%)$

조달청의 규제폐지율 : $\frac{22}{27}\times 100 \fallingdotseq 81.48(\%)$

10 식품의약품안전청과 산림청의 순규제폐지 수 차이는?

① 4건 ② 5건

③ 6건 ④ 7건

⑤ 8건

정답해설 순규제폐지 수＝감소한 규제 수－증가한 규제 수

식품의약품안전청의 순규제폐지 수 : $(132+6)-(22+2)=114$(건)

산림청의 순규제폐지 수 : $(118+85)-(17+8+58)=120$(건)

$\therefore 120-114=6$(건)

[11~12] 다음은 부모의 생존 여부와 부모와의 동거 여부에 대한 자료이다. 자료를 참고하여 물음에 답하시오.

총 문항 수 : 2문항 | 총 문제풀이 시간 : 2분 | 문항당 문제풀이 시간 : 1분

부모의 생존 여부

(단위 : %)

		가구주	부모 안 계심	부모 계심
2019	전국	100.0	34.0	66.0
	동부	100.0	29.4	70.6
	읍 · 면 부	100.0	52.9	47.1
2021	전국	100.0	38.0	62.0
	동부	100.0	34.1	65.9
	읍 · 면 부	100.0	55.6	44.4

부모와의 동거 여부

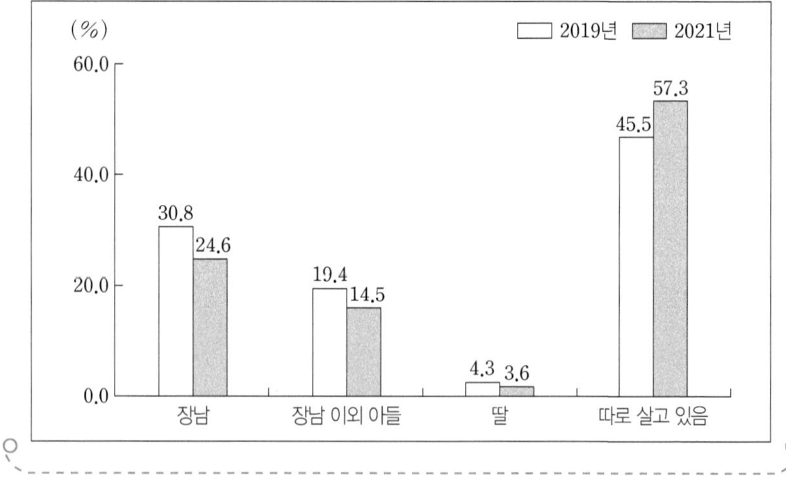

이 문제 중요!

11 2019년과 비교했을 때, 2021년 부모와 함께 살고 있다고 응답한 사람의 증가하거나 감소한 비율은? (단, 소수 둘째 자리에서 반올림한다.)

① 13.3% 증가 ② 17.5% 증가
③ 17.5% 감소 ④ 21.7% 증가
⑤ 21.7% 감소

정답 해설 부모와 함께 산다고 응답한 사람의 비율을 구하기 위해서는 전체 100(%)에서 따로 산다고 응답한 비율을 빼면 되므로,

2021년 : $100-57.3=42.7(\%)$

2019년 : $100-45.5=54.5(\%)$

$\frac{42.7-54.5}{54.5}\times 100=-21.7\%$

2019년과 비교하여 21.7(%) 감소하였다.

12 전체 응답자가 300명이라고 가정할 때, 2021년도의 부모와 함께 사는 장남의 수는? (단, 소수점 이하는 반올림한다.)

① 약 42명 ② 약 46명
③ 약 50명 ④ 약 54명
⑤ 약 58명

정답 해설 부모와 함께 사는 장남의 수는 먼저 부모의 생존 여부부터 따져야 구할 수 있다.

응답자 중 부모가 생존해 있는 사람의 수는 $300(명)\times 0.62=186(명)$

그 중 부모와 함께 산다고 대답한 장남의 비율은 24.6(%)이므로 $186(명)\times 0.246 \fallingdotseq 46(명)$이다.

[13~15] 다음은 2021년 1월부터 2021년 6월까지의 특허 심사건수 및 등록률에 대한 자료이다. 표를 참고하여 물음에 답하시오.

총 문항 수 : 3문항 | 총 문제풀이 시간 : 3분 | 문항당 문제풀이 시간 : 1분

특허 심사건수 및 등록률 추이

(단위 : 건, %)

구분	2021. 1	2021. 2	2021. 3	2021. 4	2021. 5	2021. 6
심사건수	840	860	920	945	1,000	1,225
등록률	55.0	51.5	58.0	61.0	63.0	67.5

특허 심사건수 증감 및 등록률 증감 추이(전년 동월 대비)

(단위 : 건, %p)

구분	2021. 1	2021. 2	2021. 3	2021. 4	2021. 5	2021. 6
심사건수 증감	125	100	130	145	190	325
등록률 증감	1.3	−1.2	−0.5	1.6	3.3	4.2

※ 등록률=(등록건수 / 심사건수)×100

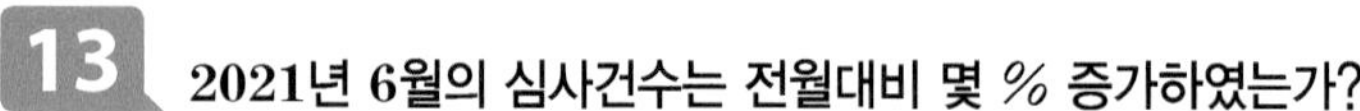

13 2021년 6월의 심사건수는 전월대비 몇 % 증가하였는가?

① 19.5%
② 20.5%
③ 21.5%
④ 22.5%
⑤ 23.5%

정답해설 2021년 5월의 심사건수가 1,000건이므로 2021년 6월의 심사건수는 전월대비 $\frac{225}{1,000}\times 100=22.5(\%)$ 증가하였다.

14 2021년 3월의 심사건수 및 등록률의 증가율은 전월대비 각각 얼마인가?

	심사건수	등록률		심사건수	등록률
①	50건	6.0%p	②	55건	6.0%p
③	60건	6.5%p	④	65건	6.5%p
⑤	70건	6.5%p			

정답해설 2021년 3월의 심사건수는 전월(2021년 2월) 대비 920－860＝60(건), 등록률은 58.0－51.5＝6.5(%p) 증가하였다.

15 2020년 1월부터 6월까지의 기간 중 등록률이 가장 낮았던 시기는?

① 1월
② 2월
③ 3월
④ 4월
⑤ 5월

정답해설 두 번째 표가 전년 동월 대비 특허 심사건수 증감 및 등록률 증감 추이를 나타내므로, 이를 통해 2020년 1월부터 6월까지의 등록률을 구할 수 있다.

(단위 : 건, %)

구분	2020. 1	2020. 2	2020. 3	2020. 4	2020. 5	2020. 6
심사건수	840－125 ＝715	860－100 ＝760	920－130 ＝790	945－145 ＝800	1,000－190 ＝810	1,225－325 ＝900
등록률	55.0－1.3 ＝53.7	51.5－(－1.2) ＝52.7	58.0－(－0.5) ＝58.5	61.0－1.6 ＝59.4	63.0－3.3 ＝59.7	67.5－4.2 ＝63.3

[16~17] 다음은 혼인종류별 혼인건수에 대한 자료이다. 자료를 참고하여 물음에 답하시오.

총 문항 수 : 2문항 | 총 문제풀이 시간 : 2분 20초 | 문항당 문제풀이 시간 : 1분 10초

혼인종류별 건수

(단위 : 천 건)

구분		2020년	2021년
계		281.6	264.5
남자	초혼	238.1	222.5
	재혼	43.3	41.7
여자	초혼	232.4	216.8
	재혼	48.9	47.4
남(초)+여(초)		221.1	206.1
남(재)+여(초)		11.1	10.5
남(초)+여(재)		16.7	16.2
남(재)+여(재)		32.1	31.1

※ 합계에는 미상도 포함되어 있음

※ 남(초) : 남자 초혼, 여(초) : 여자 초혼, 남(재) : 남자 재혼, 여(재) : 여자 재혼

2020~2021년 혼일종류별 건수

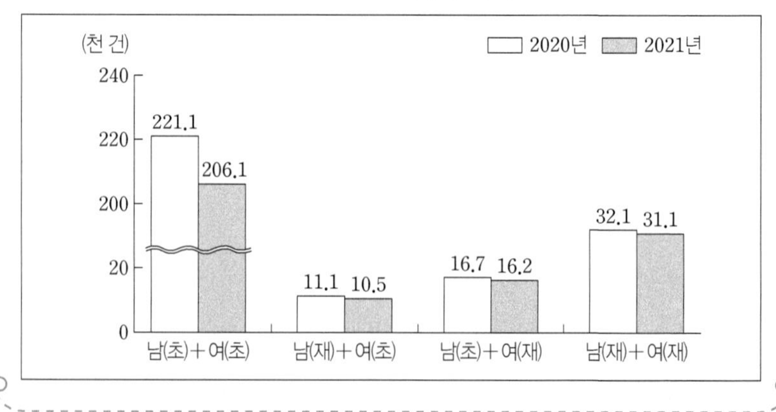

16 2021년 남녀 모두 초혼인 부부는 전체 혼인의 약 몇 %인가? (단, 소수점 둘째 자리에서 반올림한다.)

① 77.9%   ② 80.2%

③ 81.5%   ④ 82.7%

⑤ 83.9%

정답해설 2021년 남녀 모두 초혼인 부부의 비율 $=\frac{206.1}{264.5}\times 100 \fallingdotseq 77.9\%$

17 위의 자료에 대한 설명으로 옳지 않은 것은? (단, 소수점 둘째 자리에서 반올림한다.)

① 2021년 혼인의 모든 종류가 전년대비 감소했다.

② 2021년 남자의 초혼은 전년대비 약 6.6% 감소했다.

③ 여자의 경우 2020년 전체 혼인 중 초혼이 약 82.5%이다.

④ 2021년 둘 중 한 명만 재혼인 경우는 전년대비 약 4% 감소했다.

⑤ 2021년 여자의 재혼은 전년대비 약 6.7% 감소했다.

정답해설 ⑤ $\frac{(47.4-48.9)}{48.9}\times 100 \fallingdotseq -3.1\%$이므로 전년대비 약 3.1% 감소했다.

① 표를 통해 알 수 있다.

② $\frac{(222.5-238.1)}{238.1}\times 100 \fallingdotseq -6.6\%$이므로 전년대비 약 6.6% 감소했다.

③ $\frac{232.4}{281.6}\times 100 \fallingdotseq 82.5\%$

④ 2020년은 $11.1+16.7=27.8$, 2021년은 $10.5+16.2=26.7$이므로

$\frac{(26.7-27.8)}{27.8}\times 100 \fallingdotseq -4\%$이므로 전년대비 약 4% 감소했다.

[18~19] 다음은 18세 미만 자녀가 있는 맞벌이 가구의 현황에 관한 자료이다. 자료를 참고하여 물음에 답하시오.

총 문항 수 : 2문항 | 총 문제풀이 시간 : 2분 20초 | 문항당 문제풀이 시간 : 1분 10초

자녀 연령별 맞벌이 가구

(단위 : 천 가구)

구분	2020년		2021년	
	유배우 가구	맞벌이 가구	유배우 가구	맞벌이 가구
6세 이하	2,090	827	2,062	857
7~12세	1,308	690	1,285	659
13~17세	1,267	741	1,190	691

※ 막내자녀 18세 미만 기준, 18세 미만 자녀가 없는 경우는 제외함

자녀수별 맞벌이 가구

(단위 : 천 가구)

구분	2020년		2021년	
	유배우 가구	맞벌이 가구	유배우 가구	맞벌이 가구
1명	2,108	1,027	2,112	1,043
2명	2,152	1,051	2,059	1,005
3명 이상	405	180	366	159

2020~2021년 유배우 가구의 수

(단위 : 천 가구)

구분	2020년		2021년	
	유배우 가구	맞벌이 가구	유배우 가구	맞벌이 가구
전체	4,665	2,258	4,537	2,207

18 위의 자료에 대한 설명으로 옳은 것은?

① 2021년 자녀의 연령이 어릴수록 맞벌이 가구의 비중이 높다.
② 2020년 자녀가 13~17세인 가구의 맞벌이 비중이 가장 높다.
③ 자녀가 3명 이상인 가구의 맞벌이 비중이 2년 사이 높아졌다.
④ 자녀가 6세 이하인 가구의 맞벌이 비중이 2년 사이 낮아졌다.
⑤ 2021년 자녀가 1명에서 2명으로 늘어나면 맞벌이 가구의 비중은 약 0.6% 높아진다.

② 2020년 자녀가 13~17세인 가구의 맞벌이 비중이 58.5%로 가장 높다.
① 2021년 자녀의 연령이 어릴수록 맞벌이 가구의 비중도 58.1%, 51.3%, 41.6%로 낮아진다.
③ 자녀가 3명 이상인 가구의 맞벌이 비중은 약 44.4%에서 약 43.4%로 낮아졌다.
④ 자녀가 6세 이하인 가구의 맞벌이 비중은 약 39.6%에서 약 41.6%로 높아졌다.
⑤ 2021년 자녀가 1명에서 2명으로 늘어나면 맞벌이 가구의 비중은 49.4%에서 48.8%로 약 0.6% 낮아진다.

19 2021년 전체 맞벌이 가구의 비중보다 낮은 비중을 차지하는 것을 유형별로 각각 고르면?

	자녀 연령별 맞벌이 가구	자녀수별 맞벌이 가구
①	6세 이하	1명
②	7~12세	2명
③	13~17세	2명
④	7~12세	3명 이상
⑤	6세 이하	3명 이상

2021년 전체 맞벌이 가구의 비중은 48.6%
자녀 연령별 맞벌이 가구에서 이보다 낮은 비중을 차지하는 것은 자녀가 6세 이하인 가구(41.6%)이고, 자녀수별 맞벌이 가구에서는 이보다 낮은 비중을 차지하는 것은 자녀가 3명 이상인 가구(43.4%)이다.

[20~21] 다음은 미세먼지의 인식에 관한 자료이다. 자료를 참고하여 물음에 답하시오.

총 문항 수 : 2문항 | 총 문제풀이 시간 : 2분 20초 | 문항당 문제풀이 시간 : 1분 10초

미세먼지의 인식

(단위 : %)

구분		전혀 불안하지 않음	별로 불안하지 않음	보통	약간 불안함	매우 불안함
성별	남자	0.9	4.2	17.6	44.9	32.4
	여자	0.6	3.3	14.7	44.6	36.8
연령	13~19세	1.4	5.5	22.4	44.9	25.8
	20~29세	1.0	3.4	18.6	41.0	36.0
	30~39세	0.5	2.5	12.4	39.7	44.9
	40~49세	0.5	3.1	14.5	43.7	38.2
	50~59세	0.7	3.3	15.3	47.3	33.4
	60세 이상	0.9	4.9	17.0	49.9	27.3
혼인 상태	미혼	1.1	4.2	19.1	43.8	31.8
	기혼	0.6	3.2	14.1	44.8	37.3
	사별	0.6	5.3	20.3	48.1	25.7
	이혼	0.6	4.4	17.0	45.3	32.7

※ 13세 이상 인구를 대상으로 조사함

20 미세먼지에 대한 인식을 남녀 총 1,000명에게 조사했을 때, 매우 불안하다고 느낀 남녀는 각각 몇 명인가?

	남자	여자
①	368명	324명
②	340명	350명
③	324명	368명
④	300명	386명
⑤	243명	395명

남자의 경우 : 1,000 × 0.324 = 324명
여자의 경우 : 1,000 × 0.368 = 368명

21 위의 자료에 대한 설명으로 옳은 것은?

① 미세먼지에 대한 불안감은 남자보다 여자가 더 크다.
② 60세 이상이 미세먼지에 대해 별로 불안하지 않음의 비율이 가장 낮다.
③ 미혼인 경우 기혼보다 미세먼지에 대한 매우 불안함의 비율이 높다.
④ 사별인 경우 미세먼지에 대해 약간 불안함이 보통보다 3배 높다.
⑤ 나이가 어릴수록 미세먼지에 대해 전혀 불안하지 않음의 비율이 높다.

정답 해설
① 남자가 44.9 + 32.4 = 77.3%, 여자가 44.6 + 36.8 = 81.4%이므로 여자가 더 크다.
② 60세 이상이 미세먼지에 대해 별로 불안하지 않음의 비율은 4.9%로 두 번째로 낮다.
③ 미혼은 31.8%, 기혼은 37.3%로 기혼이 더 높다.
④ 약간 불안함은 48.1%, 보통은 20.3%이므로 3배 보다는 높지 않다.
⑤ 전혀 불안하지 않음의 비율은 나이와 상관없이 감소했다가 증가한다.

[22~23] 다음은 출소자 수와 재복역자 수에 관한 자료이다. 자료를 참고하여 물음에 답하시오.

총 문항 수 : 2문항 | 총 문제풀이 시간 : 2분 20초 | 문항당 문제풀이 시간 : 1분 10초

출소자 수와 재복역자 수

(단위 : 명)

구분	4년 전 출소자 수	4년 전 출소자 중 3년 이내 재복역자 수
2012년	29,875	6,772
2013년	27,489	6,169
2014년	24,626	5,553
2015년	24,151	5,396
2016년	25,802	5,737
2017년	25,725	5,699
2018년	25,066	5,547
2019년	25,066	5,547
2020년	23,045	4,936
2021년	22,028	5,465

※ 재범률(3년 이내 재복역률)=(4년 전 출소자 중 3년 이내 재복역자수÷4년 전 출소자수)×100

22 2021년 재범률은 전년대비 얼마나 증가했는가? (단, 소수점 둘째 자리에서 반올림한다.)

① 약 1.8%　② 약 2.2%
③ 약 2.9%　④ 약 3.4%
⑤ 약 3.8%

정답 해설 2020년 재범률은 $\frac{4,936}{23,045} \times 100 ≒ 21.4\%$이고,

2021년 재범률은 $\frac{5,465}{22,028} \times 100 ≒ 24.8\%$이므로

$24.8-21.4=3.4\%$ 증가했다.

23 2012년부터 2016년까지 재범률이 가장 높은 연도는?

① 2012년　② 2013년
③ 2014년　④ 2015년
⑤ 2016년

정답 해설 재범률을 구해보면

2012년 : $\frac{6,772}{29,875} \times 100 ≒ 22.7\%$

2013년 : $\frac{6,169}{27,489} \times 100 ≒ 22.4\%$

2014년 : $\frac{5,553}{24,626} \times 100 ≒ 22.5\%$

2015년 : $\frac{5,396}{24,151} \times 100 ≒ 22.3\%$

2016년 : $\frac{5,737}{25,802} \times 100 ≒ 22.2\%$

[24~25] 다음은 온라인쇼핑 동향에 관한 자료이다. 자료를 참고하여 물음에 답하시오.

총 문항 수 : 2문항 | 총 문제풀이 시간 : 2분 20초 | 문항당 문제풀이 시간 : 1분 10초

온라인쇼핑 거래액 동향

(단위 : 억 원)

구분	2020년		2021년	
	4월	5월	4월	5월
총 거래액	71,000	73,821	87,355	90,544
모바일 거래액	42,790	42,055	53,556	56,285

24 위의 자료에 대한 설명으로 보기 중 옳은 것을 고르면? (단, 소수점 둘째 자리에서 반올림한다.)

ㄱ. 2021년 4월 온라인쇼핑 거래액은 전년동월대비 약 20% 증가했다.
ㄴ. 2020년 5월 온라인쇼핑 거래액은 전월대비 약 4% 증가했다.
ㄷ. 2021년 5월 모바일 거래액은 전월대비 약 5.1% 증가했다.
ㄹ. 2020년 5월 온라인쇼핑 거래액 중 모바일 거래액의 비율은 60%가 넘는다.

① ㄱ, ㄴ
② ㄴ, ㄷ
③ ㄷ, ㄹ
④ ㄱ, ㄴ, ㄷ
⑤ ㄴ, ㄷ, ㄹ

ㄴ. 2020년 5월 온라인쇼핑 거래액은 전월대비 $\frac{(73,821-71,000)}{71,000}\times 100 \fallingdotseq 4\%$ 증가했다.

ㄷ. 2021년 5월 모바일 거래액은 전월대비 $\frac{(56,285-53,556)}{53,556}\times 100 \fallingdotseq 5.1\%$ 증가했다.

ㄱ. 2021년 4월 온라인쇼핑 거래액은 전년동월대비 $\frac{(87,355-71,000)}{71,000}\times 100 \fallingdotseq 23\%$ 증가했다.

ㄹ. 2020년 5월 온라인쇼핑 거래액 중 모바일 거래액의 비율은 $\frac{42,055}{73,821}\times 100 \fallingdotseq 57\%$가 넘는다.

25 **2021년 4월에서 5월까지 모바일 거래액의 비율이 늘어난 만큼 6월에도 일정하게 증가한다고 했을 때, 6월 온라인쇼핑 거래액이 100,000억 원이라면 모바일 거래액을 얼마인가? (단, 소수점 둘째 자리에서 반올림한다.)**

① 62,100억 원
② 63,100억 원
③ 64,100억 원
④ 65,100억 원
⑤ 66,100억 원

4월 모바일 거래액의 비율 : $\frac{53,556}{87,355}\times 100 \fallingdotseq 61.3\%$

5월 모바일 거래액의 비율 : $\frac{56,285}{90,544}\times 100 \fallingdotseq 62.2\%$

즉, $62.2-61.3=0.9\%$ 증가하므로 6월 모바일 거래액의 비율은 $62.2+0.9=63.1\%$

$\therefore$ $100,000\times 0.631=63,100$(억 원)

소요시간		채점결과	
목표시간	25분 20초	총 문항수	25문항
실제 소요시간	( )분 ( )초	맞은 문항 수	( )문항
초과시간	( )분 ( )초	틀린 문항 수	( )문항

공간추리

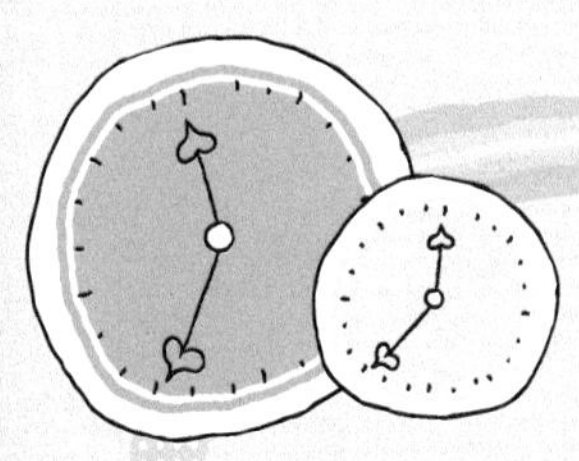

3DAY

공간추리

1. 큐브

큐브문제 풀이 시 참고사항

▶ 큐브의 회전 방향과 줄은 아래 그림과 같다.

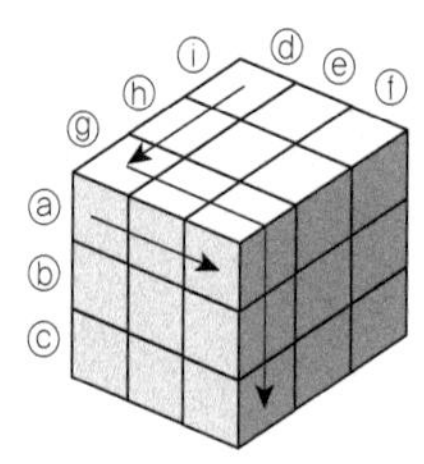

ⓐ 첫 번째 가로줄

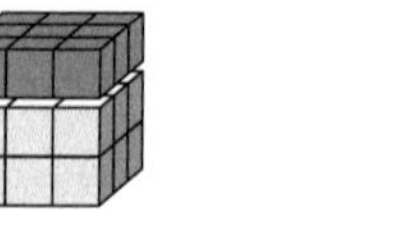

ⓑ 두 번째 가로줄

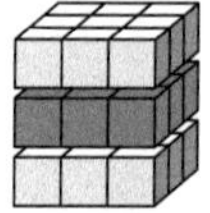

ⓒ 세 번째 가로줄

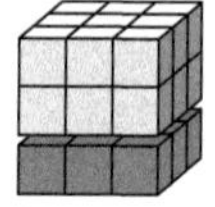

ⓓ 첫 번째 세로줄

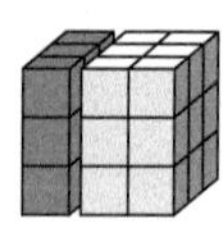

ⓔ 두 번째 세로줄

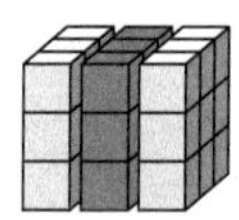

ⓕ 세 번째 세로줄

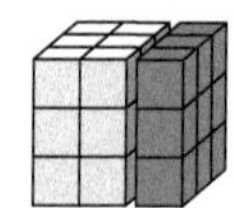

ⓖ 첫 번째 중앙줄

ⓗ 두 번째 중앙줄

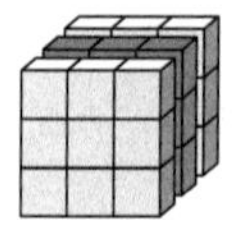

ⓘ 세 번째 중앙줄

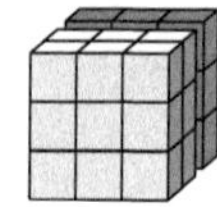

기출유형분석

문제풀이 시간 : 40초

▶ 다음 큐브의 ⓕ를 앞쪽 방향으로 270°, ⓐ를 시계 방향으로 180°, ⓓ를 뒤쪽 방향으로 90° 회전시킨 후, 점선에 따라 잘린 뒤쪽 도형 단면의 모양으로 알맞은 것은?

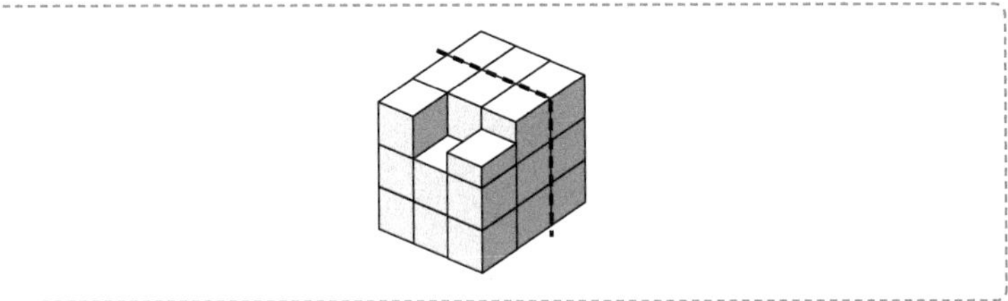

① 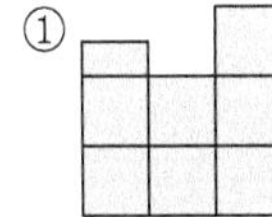

② 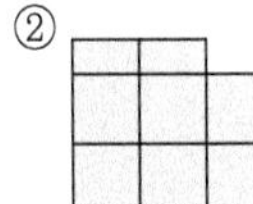

③ 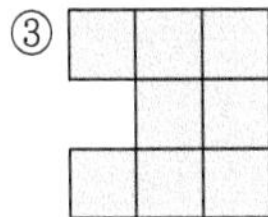

④ 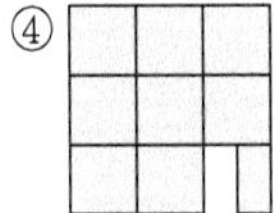

⑤ 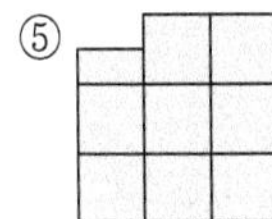

정답 해설 지시한 방향과 순서에 따라 도형을 회전한 후, 점선에 따라 잘린 뒤쪽 도형의 모양은 다음과 같다.

잘라진 큐브의 부분을 별도의 도형으로 이해한 후 지시한 방향으로 순서대로 돌리면 문제를 해결하는 데에 도움이 될 것이다.

DCAT의 특성상 매년 다른 유형의 문제가 출제되므로 다양한 유형을 익혀두는 것이 필요하다.

정답 ①

[01~06] 다음 문제를 읽고 물음에 답하시오.

총 문항 수 : 6문항 | 총 문제풀이 시간 : 4분 | 문항당 문제풀이 시간 : 40초

01 ⓐ를 반시계 방향으로 90°, ⓕ를 뒤쪽 방향으로 180°, ⓗ를 시계 방향으로 180° 회전시킨 후, 점선에 따라 잘린 오른쪽 도형 단면의 모양으로 알맞은 것은?

①

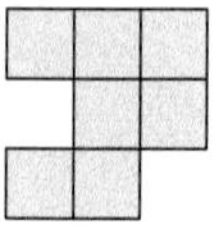

②

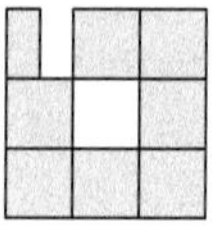

③

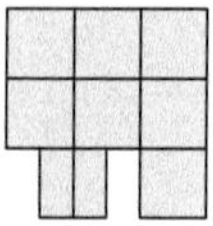

④

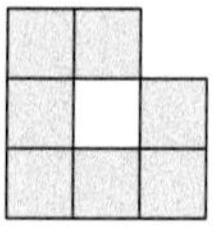

⑤

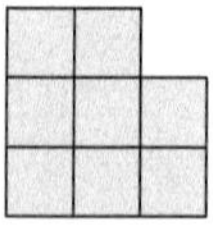

정답 해설 지시한 방향과 순서에 따라 도형을 회전한 후, 점선에 따라 잘린 오른쪽 도형의 모양은 다음과 같다.

02 ⓓ를 앞쪽 방향으로 270°, ⓔ를 뒤쪽 방향으로 90°, ⓒ를 반시계 방향으로 90° 회전시킨 후, 점선에 따라 잘린 위쪽 도형 단면의 모양으로 알맞은 것은?

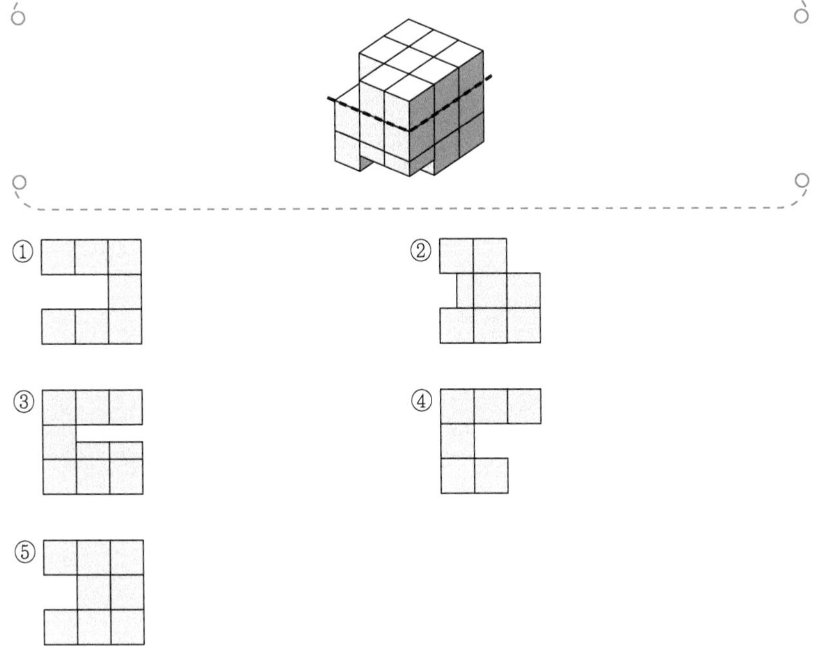

정답 해설 지시한 방향과 순서에 따라 도형을 회전한 후, 점선에 따라 잘린 위쪽 도형의 모양은 다음과 같다.

03 ⓕ를 앞쪽 방향으로 270˚, ⓐ를 시계 방향으로 270˚, ⓖ를 반시계 방향으로 180˚ 회전시킨 후 점선에 따라 잘린 아래쪽 도형 단면의 모양으로 알맞은 것은?

①

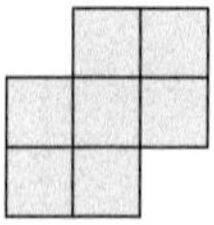

②

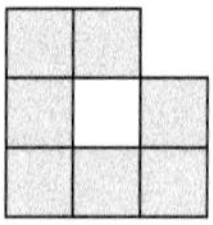

③

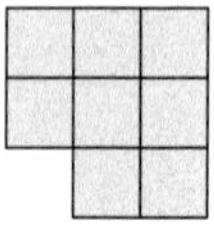

④

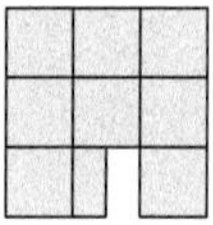

⑤

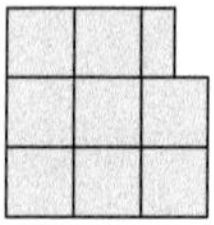

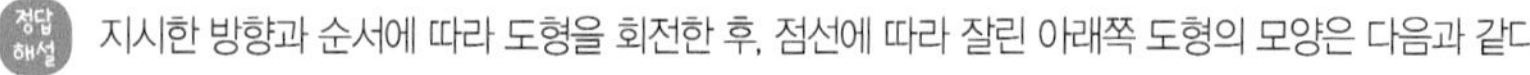

정답 해설 지시한 방향과 순서에 따라 도형을 회전한 후, 점선에 따라 잘린 아래쪽 도형의 모양은 다음과 같다.

04 ⓕ를 뒤쪽 방향으로 180°, ⓒ를 시계 방향으로 90°, ⓗ를 시계 방향으로 90° 회전시킨 후, 점선에 따라 잘린 아래쪽 도형 단면의 모양으로 알맞은 것은?

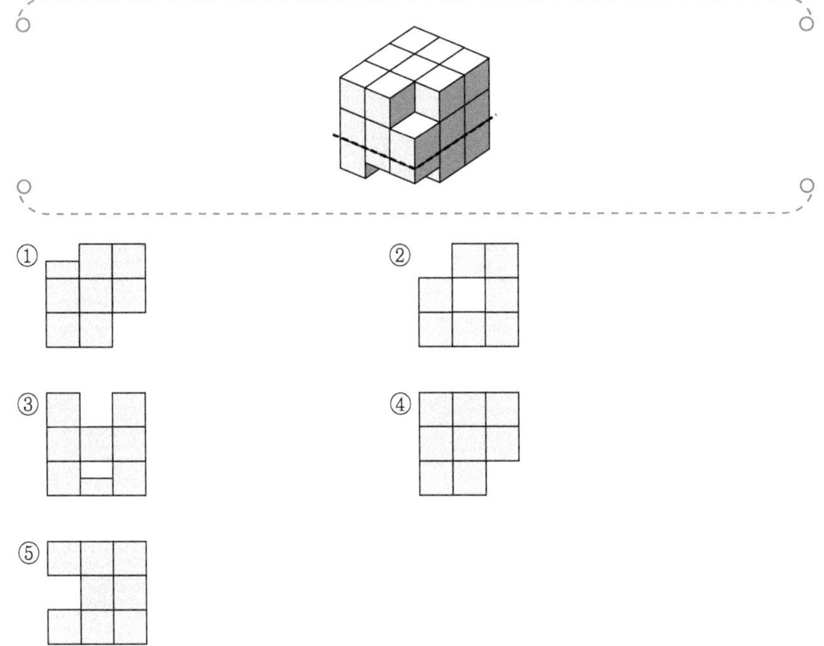

정답 해설 지시한 방향과 순서에 따라 도형을 회전한 후, 점선에 따라 잘린 아래쪽 도형의 모양은 다음과 같다.

05 **ⓗ를 반시계 방향으로 90°, ⓑ를 시계 방향으로 270°, ⓕ를 앞쪽 방향으로 90° 회전시킨 후, 점선에 따라 잘린 왼쪽 도형 단면의 모양으로 알맞은 것은?**

①

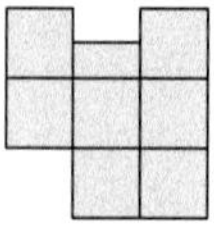

②

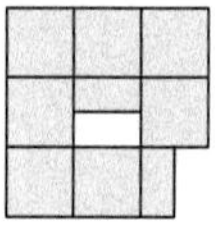

③

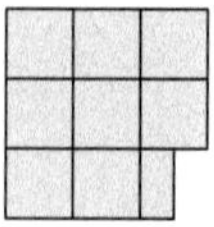

④

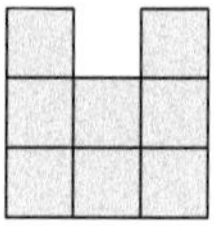

⑤

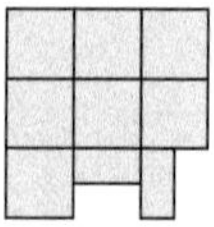

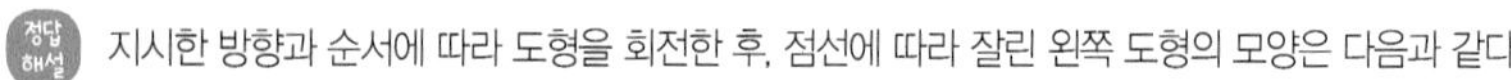
정답 해설 지시한 방향과 순서에 따라 도형을 회전한 후, 점선에 따라 잘린 왼쪽 도형의 모양은 다음과 같다.

06 ⓔ를 뒤쪽 방향으로 180°, ⓖ를 반시계 방향으로 90°, ⓓ를 앞쪽 방향으로 270° 회전시킨 후, 점선에 따라 잘린 뒤쪽 단면의 모양으로 알맞은 것은?

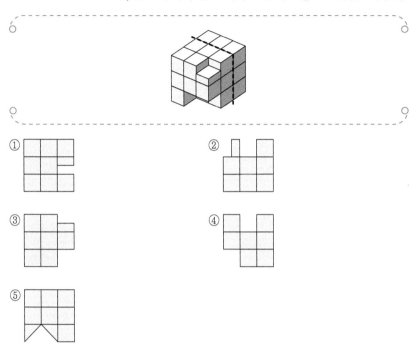

①　　②

③　　④

⑤

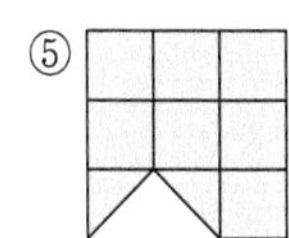

정답해설 지시한 방향과 순서에 따라 도형을 회전한 후, 점선에 따라 잘린 뒤쪽 도형의 모양은 다음과 같다.

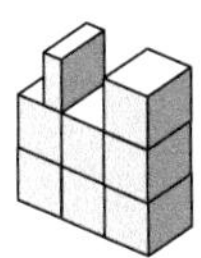

소요시간		채점결과	
목표시간	4분	총 문항수	6문항
실제 소요시간	( )분 ( )초	맞은 문항 수	( )문항
초과시간	( )분 ( )초	틀린 문항 수	( )문항

2. 원판회전

기출유형분석

문제풀이 시간 : 40초

▶ 다음과 같이 8개의 조각으로 나누어진 투명한 원판에는 1~4까지의 숫자가 표시되어 있다. 원판 1을 시계 방향으로 180°, 원판 2를 반시계 방향으로 90° 회전시킨 후, 모양이 그려진 면이 바깥쪽으로 오도록 두 개의 원판을 합쳤을 때 왼쪽에서 본 원판의 모양을 고르시오. (이때, 각 숫자에 해당하는 모양은 보기와 같다.)

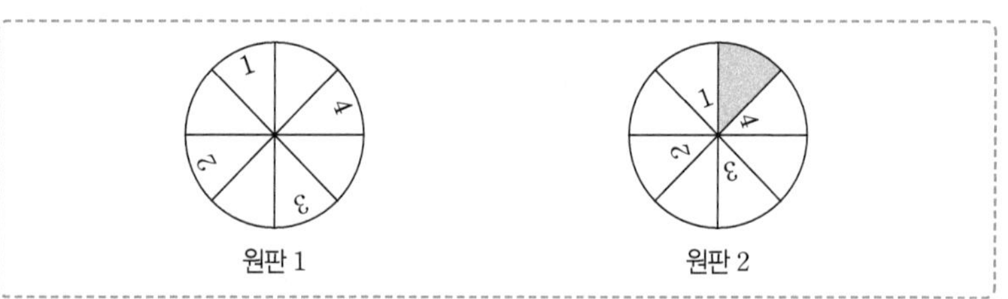

보기

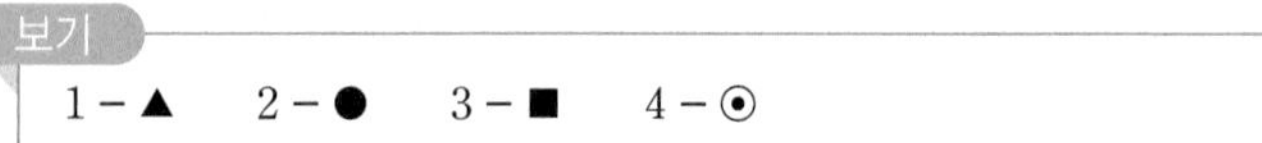

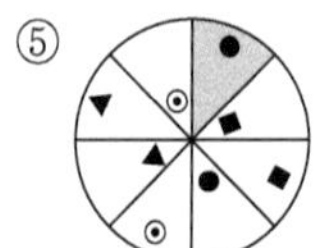

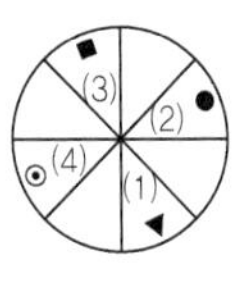

원판 1) 시계 방향으로 180° 회전시킨 모양

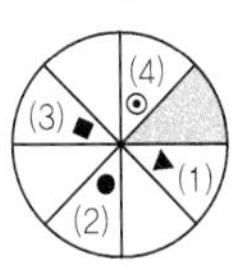

원판 2) 반시계 방향으로 90° 회전시킨 후 왼쪽에서 본 모양

원판회전문제는 투명한 원판 두 개를 각각 회전시킨 후 겹쳐지는 모양을 찾는 문제이다. 이 문제를 풀 때 주의해야 할 것은 두 개의 원판 중에서 기준이 되는 방향의 반대쪽 원판의 그림은 반전되어서 보인다는 것이다. 또한 각이 있는 오각형, 육각형 등의 판을 회전시키는 문제의 경우에는 그 도형의 한 내각의 크기를 기준으로 회전시키므로 각 도형의 한 내각의 크기를 미리 암기해 두는 것이 문제풀이 시간을 줄일 수 있는 방법이다.

각이 있는 도형의 회전(오각형의 경우)

오각형의 경우 한 내각이 72°이므로 이를 기준으로 문제가 출제된다.

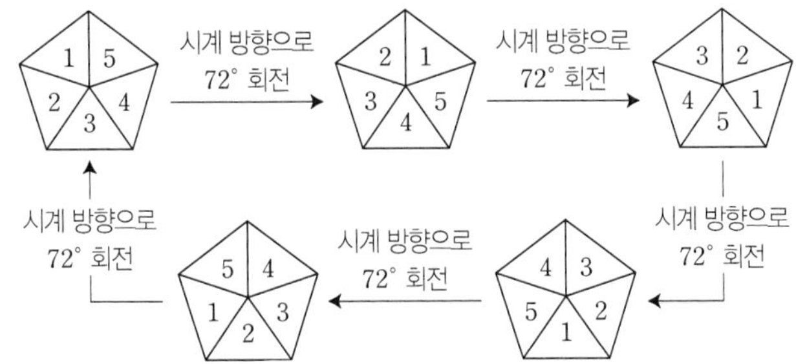

원판회전문제 이해하는 방법

투명한 원판 두 개가 겹쳐져 있다는 것은 아래 그림과 같은 의미이다.

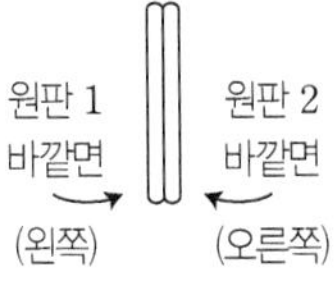

정답 ②

[01~04] 다음과 같이 두 개의 투명한 원판에는 숫자와 그림이 각각 표시되어 있다. 제시된 조건에 따라 원판을 회전시킨 후 모양이 그려진 면이 바깥쪽을 향하도록 합쳤을 때, 문제별로 주어진 조건에 따라 보여지는 원판의 모습으로 알맞은 것을 고르시오. (이때, 각 숫자에 해당하는 모양은 보기와 같다.)

총 문항 수 : 4문항 | 총 문제풀이 시간 : 2분 40초 | 문항당 문제풀이 시간 : 40초

이 문제 중요!

01 원판 1을 반시계 방향으로 90°, 원판 2를 시계 방향으로 90° 회전시킨 후, 합쳤을 때 왼쪽에서 본 '숫자 4'가 있는 부분의 모양은?

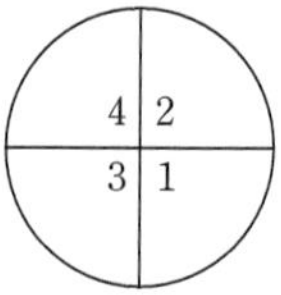

4	2
3	1

원판 1

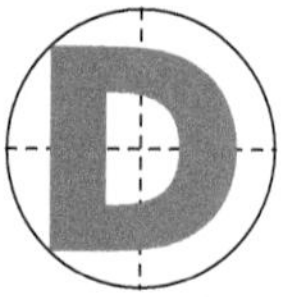

원판 2

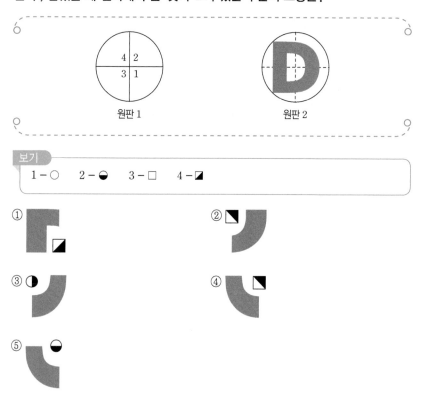

보기

1 – ○ 2 – ◒ 3 – □ 4 – ◪

① 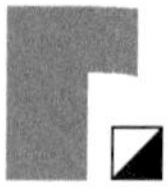 ②  ③ 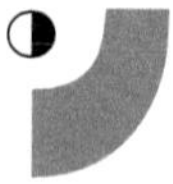 ④ 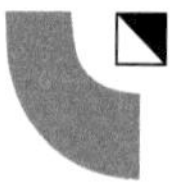 ⑤

정답 해설

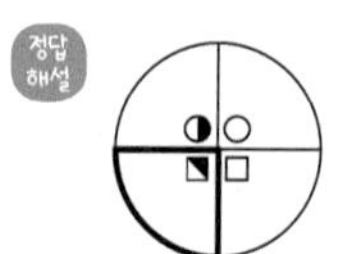

원판 1) 반시계 방향으로 90° 회전시킨 모양

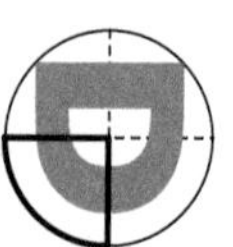

원판 2) 시계 방향으로 90° 회전시킨 후 왼쪽에서 봤을 때 '숫자 4'가 있는 부분의 모양

02 **원판 1을 시계 방향으로 180°, 원판 2를 반시계 방향으로 90° 회전시킨 후, 합쳤을 때 오른쪽에서 본 원판의 모양은?**

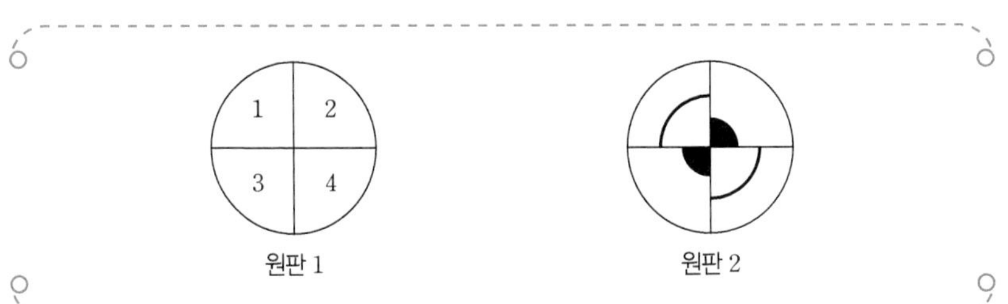

보기

①
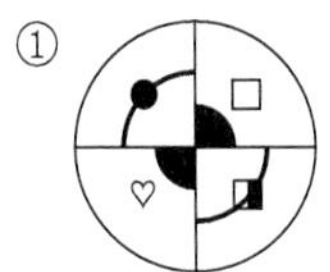

②
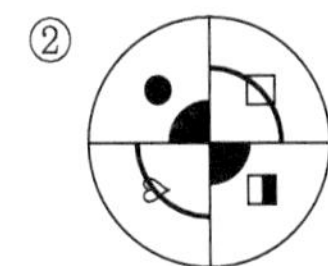

③
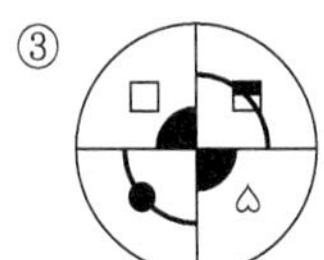

④
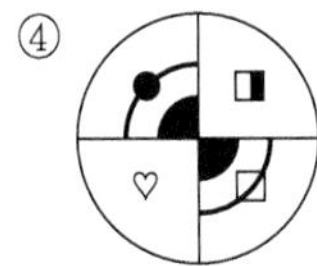

⑤
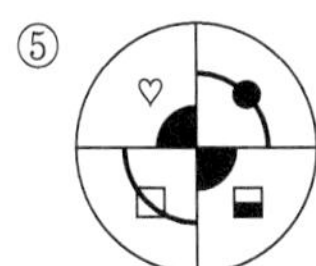

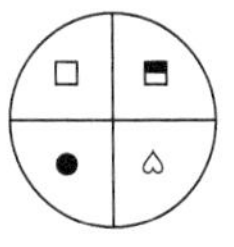

원판 1) 시계 방향으로 180° 회전시킨 후 오른쪽에서 본 모양

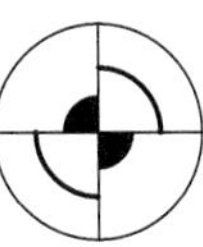

원판 2) 반시계 방향으로 90° 회전시킨 모양

원판 1은 원판을 회전시켰을 때, 각 칸에 있는 숫자도 회전하며, 그 숫자에 해당하는 모양도 숫자가 회전한 각도만큼 회전한다. 오른쪽에서 본 원판의 모습은 원판 1의 뒷면이 투영되어 보이므로 원판 1 안에 있는 모양은 좌우를 반전해 주어야 한다.

03 오각형의 판 1을 반시계 방향으로 72°, 오각형의 판 2를 시계 방향으로 216° 회전시킨 후, 합쳤을 때 왼쪽에서 본 오각형판의 모양은?

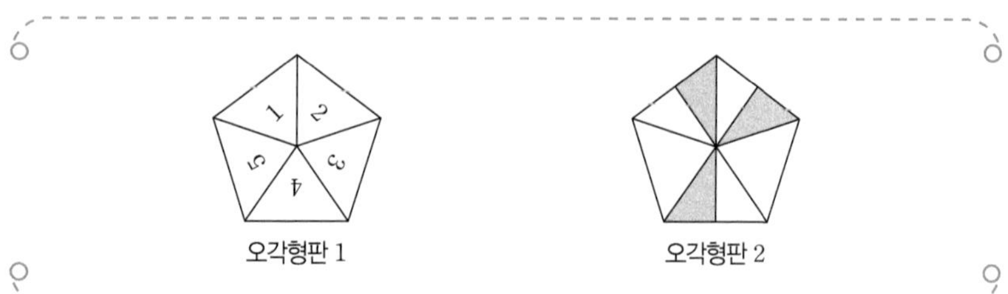

보기

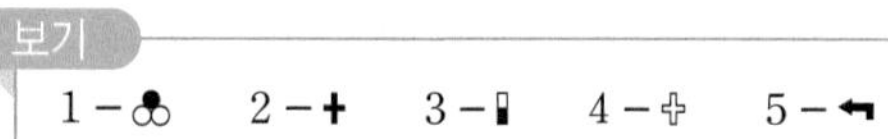

①
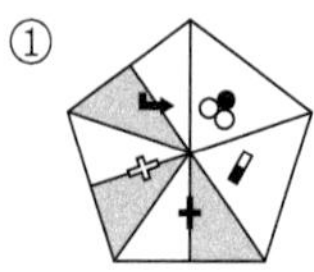

②
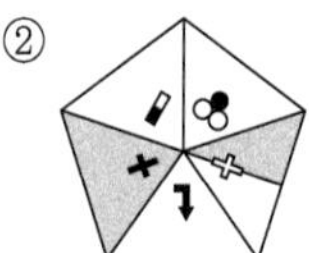

③
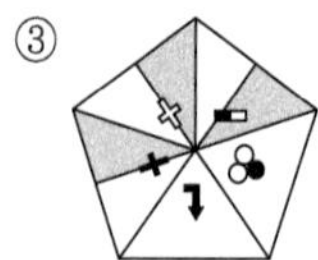

④
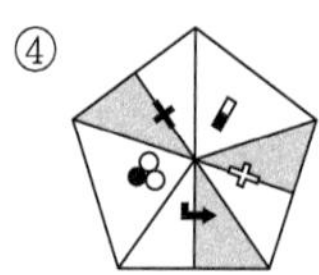

⑤
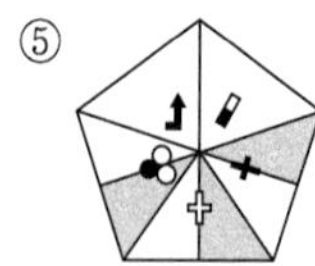

오각형판 1) 반시계 방향으로 72° 회전한 모양

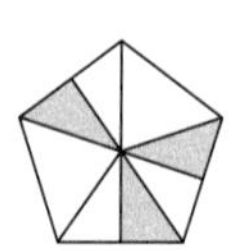

오각형판 2) 시계 방향으로 216° 회전시킨 후 왼쪽에서 본 모양

04 육각형의 판 1을 시계 방향으로 120°, 육각형의 판 2를 반시계 방향으로 240° 회전시킨 후, 합쳤을 때 오른쪽에서 본 '숫자 4'가 있는 부분의 모양은?

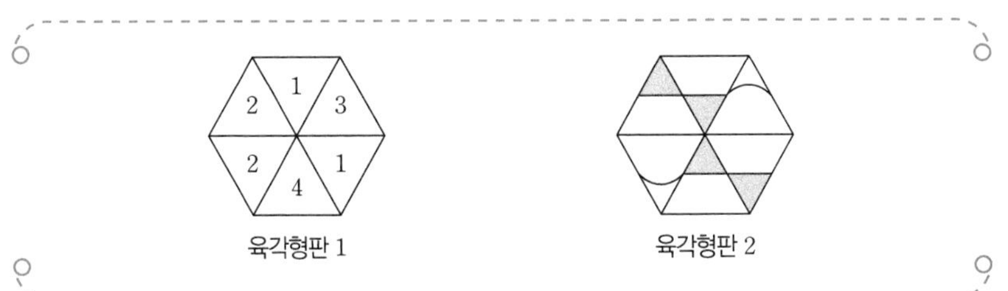

육각형판 1　　　　육각형판 2

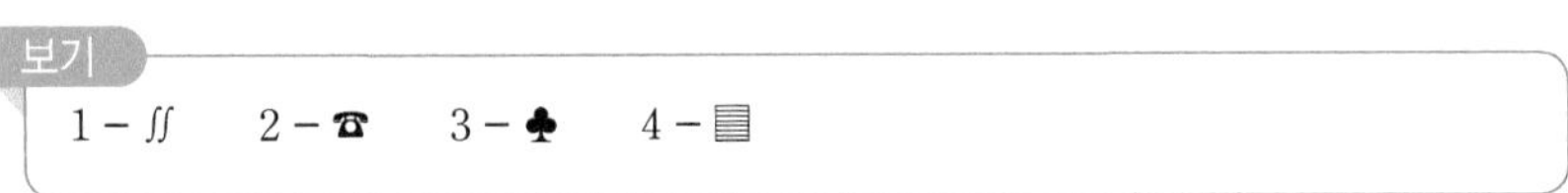

① 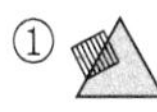　② 

③ 　④ 

⑤ 

 육각형판 1) 시계 방향으로 120° 회전시킨 후 오른쪽에서 본 모양

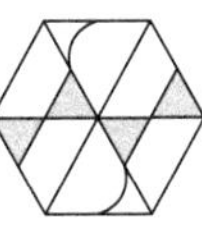 육각형판 2) 반시계 방향으로 240° 회전시킨 모양

소요시간		채점결과	
목표시간	2분 40초	총 문항수	4문항
실제 소요시간	( )분 ( )초	맞은 문항 수	( )문항
초과시간	( )분 ( )초	틀린 문항 수	( )문항

정답 03 ④ | 04 ①

3. 전개도

기출유형분석

문제풀이 시간 : 40초

▶ 주어진 조건에 맞는 정사면체를 만들 수 있는 전개도를 고르시오. (단, 각각의 면에 그려진 그림의 회전은 허용하지 않는다.)

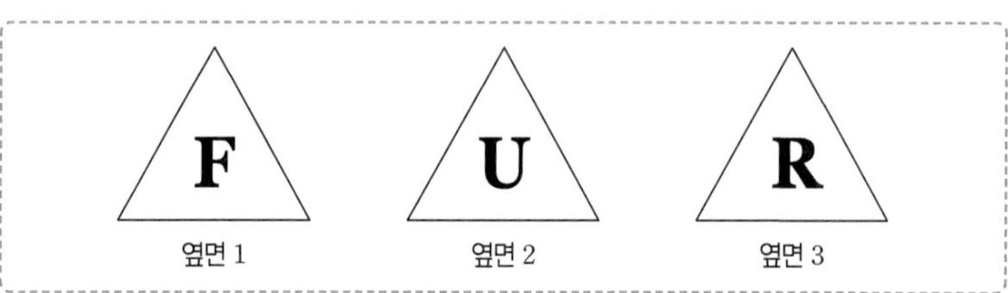

①
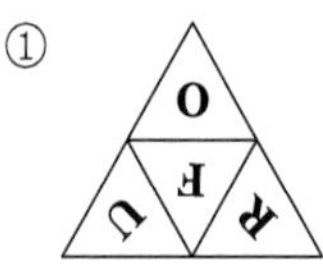

②
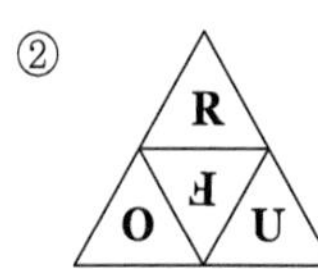

③
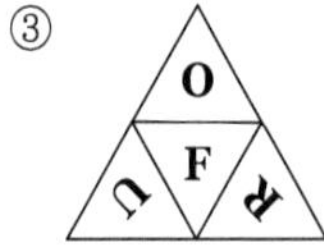

④
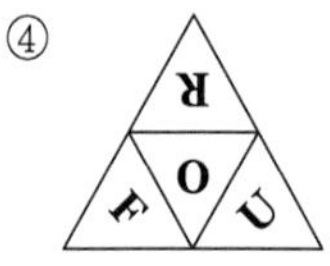

⑤

정답해설 주어진 세 삼각형이 모두 옆면이고, 알파벳 F, U, R이 모두 똑바로 서 있다. 그러므로 세 옆면의 머리가 모두 한 점을 향해야 한다.

핵심정리 제시된 도형의 조건에 맞추어 정사면체를 만들 수 있는 전개도를 선택하는 문제유형이다. 각 면에 그려진 알파벳의 윗 부분을 '머리'라고 가정하고, 각 알파벳들이 향하고 있는 방향이 꼭짓점인지 변인지 살펴보면 문제를 해결하는 데 수월하다.

정답 ①

[01~03] 주어진 조건에 맞는 정사면체를 만들 수 있는 전개도를 고르시오. (단, 각각의 면에 그려진 그림의 회전은 허용하지 않는다.)

총 문항 수 : 3문항 | 총 문제풀이 시간 : 2분 | 문항당 문제풀이 시간 : 40초

01

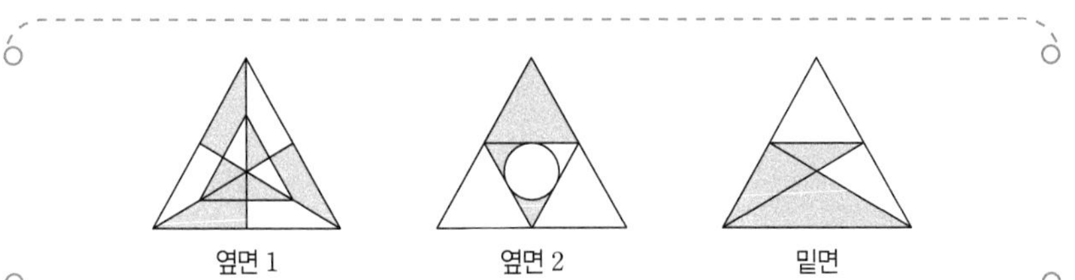

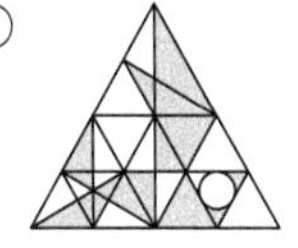

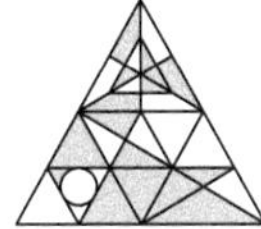

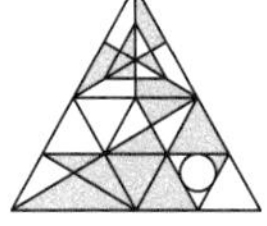

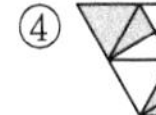

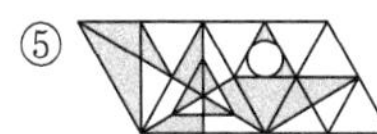

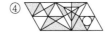

① 옆면 1의 작은 삼각형 방향이 다르다.
② 옆면 2의 색이 잘못 들어가 있다.
③ 밑면과 옆면 1, 2 모두 색이 잘못 들어가 있다.
④ 옆면 1은 작은 삼각형 안에 색이 잘못 들어가 있고, 옆면 2는 방향이 다르다.

이 문제 중요!

02

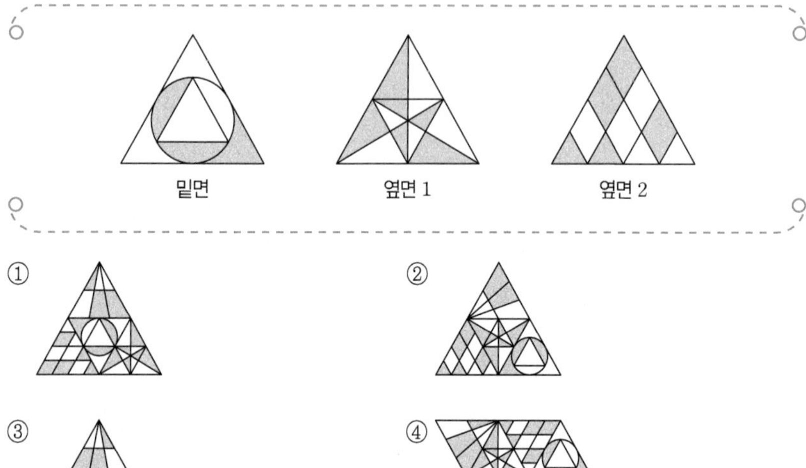

⑤ 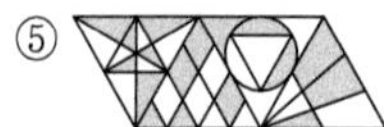

정답 해설

① 밑면의 모양이 다르다.

③ 밑면의 모양이 다르고, 옆면도 모두 색이 잘못 들어갔다.

④ 옆면 2의 방향이 다르다.

⑤ 옆면 1은 색이 잘못 들어갔고, 옆면 2는 방향이 다르다.

03

① 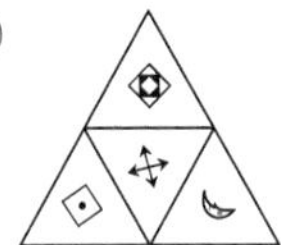

② 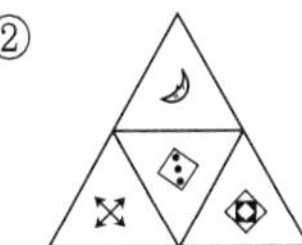

③ 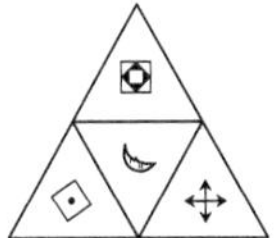

④ 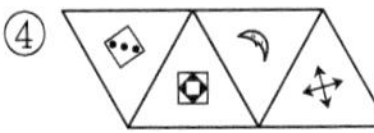

⑤ 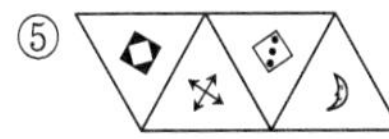

정답 해설 ② 옆면 2에 있는 그림이 다르다.
③ 옆면 1과 2에 있는 그림의 방향이 모두 다르다.
④ 옆면 1에 있는 그림이 다르다.
⑤ 옆면 1에 있는 그림의 방향이 다르다.

정답 02 ② | 03 ①

[04~07] 주어진 조건에 맞는 정사면체를 만들 수 있는 전개도를 고르시오. (단, 각각의 면에 그려진 그림의 회전은 허용한다.)

총 문항 수 : 4문항 | 총 문제풀이 시간 : 2분 40초 | 문항당 문제풀이 시간 : 40초

이 문제 중요!

04

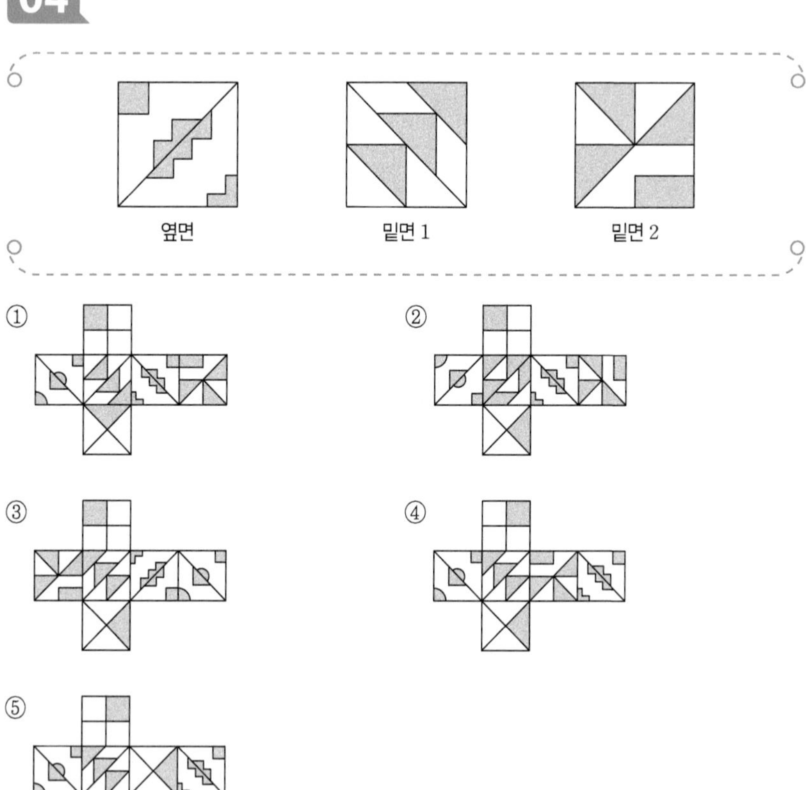

⑤

정답 해설 ② 밑면 1에 있는 그림의 색이 반전되었다.

③ 전개도를 접으면 밑면 2가 옆면이 되는 정육면체가 만들어 진다.

④ 전개도를 접으면 밑면 1이 옆면이 되는 정육면체가 만들어 진다.

⑤ 옆면, 밑면 1, 밑면 2가 모두 옆면이 되는 정육면체가 만들어 진다.

05

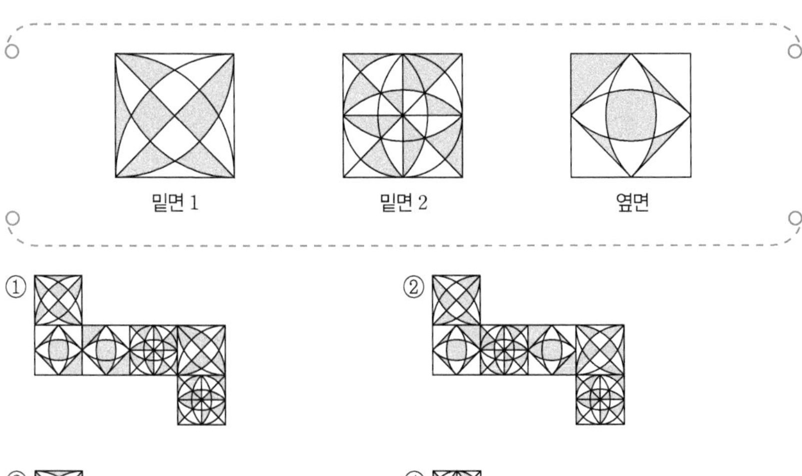

① 

②

③

④

⑤

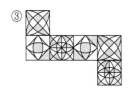

정답해설 ①, ③ 밑면 2의 색이 잘못 칠해졌다.

④ 밑면 1을 밑면으로 하면 밑면 2와 옆면의 색이 잘못 칠해진 정육면체가 만들어지고, 밑면 2를 밑면으로 하는 정육면체를 만들면 밑면 1과 옆면의 색이 잘못 칠해진 정육면체가 된다.

⑤ 밑면 1의 색이 잘못 칠해졌다.

06

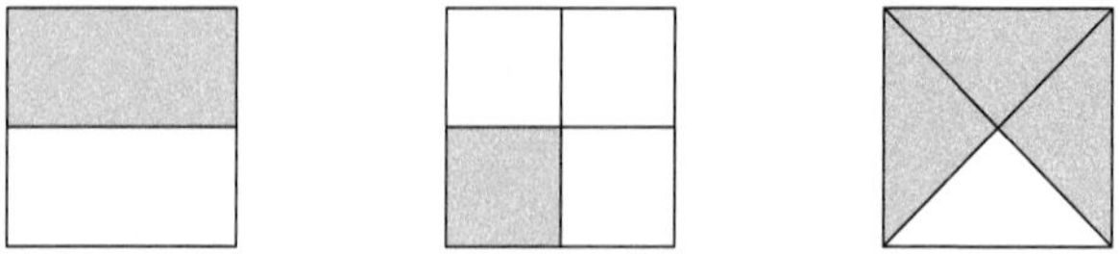

밑면 1   옆면   밑면 2

①

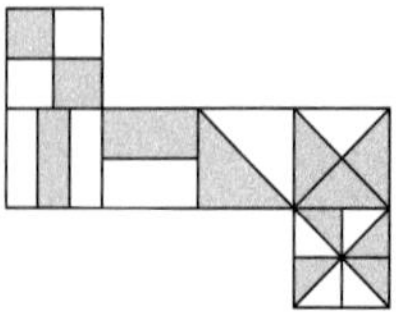

②

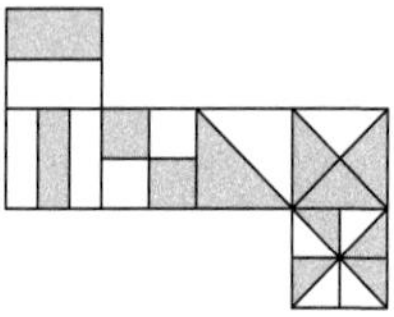

③

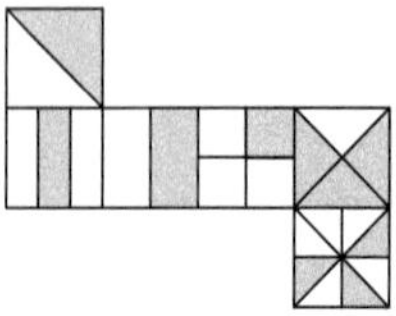

④

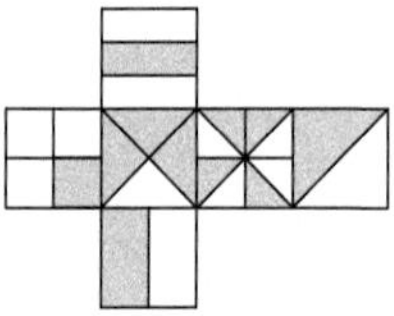

⑤

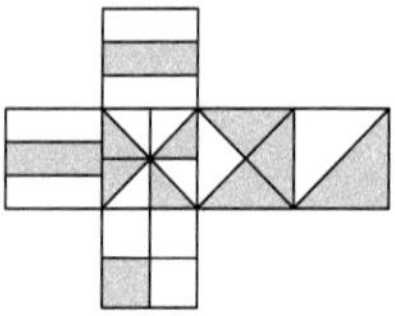

정답 해설 ① 옆면에 색이 한 칸 더 칠해져있다.

② 전개도를 접으면 옆면에 색이 한 칸 더 칠해져 있고, 밑면 2는 옆면인 정육면체가 만들어진다.

④ 전개도를 접으면 밑면 2가 옆면인 정육면체가 만들어진다.

⑤ 밑면 1에 있는 무늬가 다르다.

07

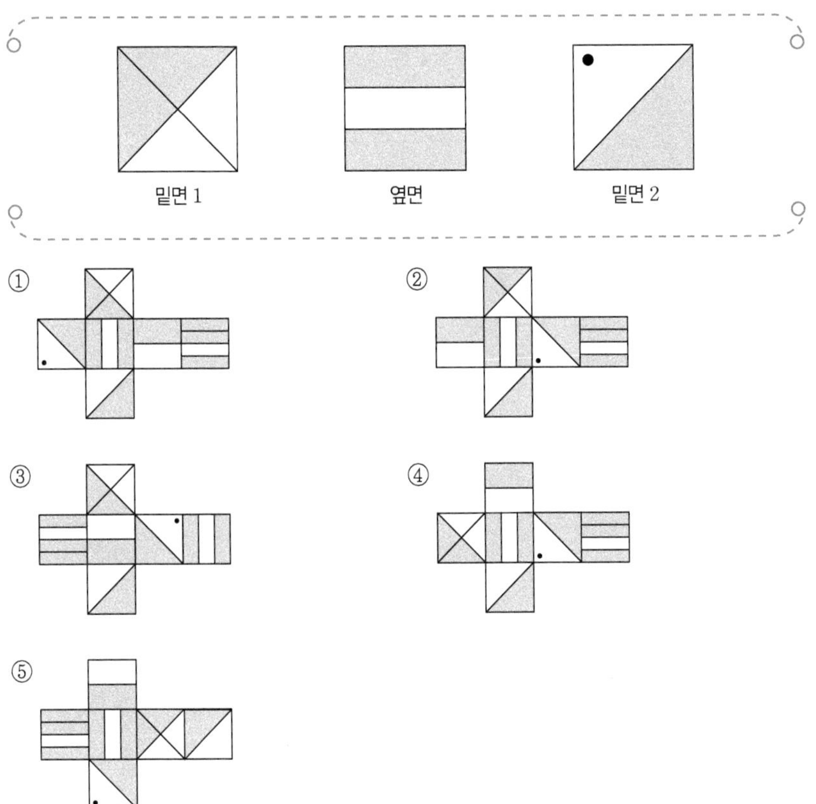

정답 해설 나머지는 모두 밑면 1을 밑면으로 하는 정육면체를 만들면 밑면 2가 옆면이 되고, 밑면 2가 밑면이 되도록 하는 정육면체를 만들면 밑면 1은 옆면이 된다.

소요시간		채점결과	
목표시간	4분 40초	총 문항수	7문항
실제 소요시간	( )분 ( )초	맞은 문항 수	( )문항
초과시간	( )분 ( )초	틀린 문항 수	( )문항

4. 물통(정육면체)회전

기출유형분석

⏰ 문제풀이 시간 : 40초

▶ 다음과 같이 각 면에 그림이 있는 투명한 정육면체와 그 전개도가 있다. 오른쪽에 있는 정육면체를 앞으로 270°, 반시계 방향으로 180° 순서대로 돌렸을 때 오른쪽에서 본 모양을 고르시오.

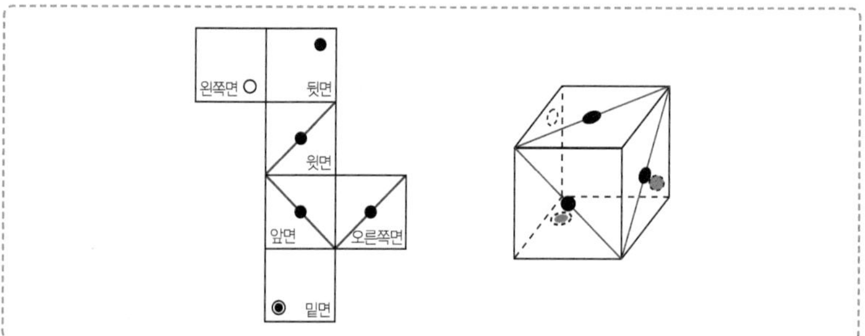

① 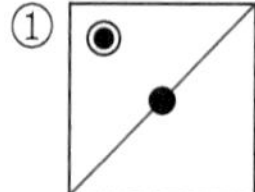

② 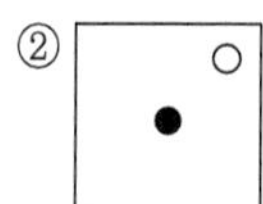

③ 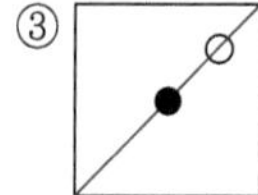

④ 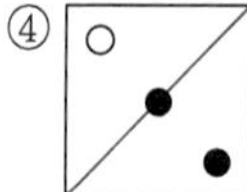

⑤ 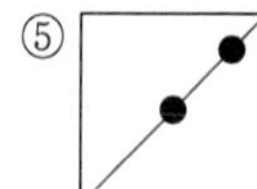

제시된 정육면체를 지시한 방향에 따라 돌린 모양

1) 앞으로 270° 돌린 모양

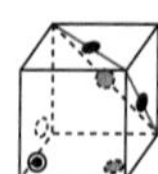

2) 반시계 방향으로 180° 돌린 모양

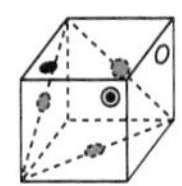

• 지시한 방향대로 돌린 후, 정육면체의 왼쪽 면과 오른쪽 면의 모양

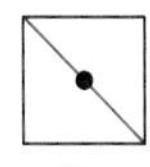

왼쪽 오른쪽

• 오른쪽에서 봤을 때 왼쪽 도형에 있는 그림의 위치는 좌우가 바뀌어 나타난다.

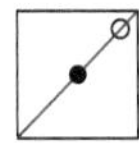

각 면마다 다른 그림이 그려진 정육면체를 지시한 방향으로 순서대로 돌린 후, 특정 방향에서 봤을 때의 모양을 찾는 문제유형이다. 어떻게 변화하는지 살펴보는 것이 중요하다. 문제에서 왼쪽 혹은 오른쪽에서 본 모양을 보기에서 고를 때에는 왼쪽에서 보는 오른쪽 그림의 위치가 좌·우로 바뀐다는 것에 유의해야 한다.

정답 ③

[01~02] 각 면에 그림이 있는 투명한 정육면체가 있다. 정육면체를 지시한 방향대로 돌렸을 경우, 특정한 면에서 보이는 모습을 고르시오.

총 문항 수 : 2문항 | 총 문제풀이 시간 : 1분 20초 | 문항당 문제풀이 시간 : 40초

01 뒤로 $90°$, 시계 방향으로 $90°$, 앞으로 $180°$ 순서대로 돌렸을 때 왼쪽에서 본 모양은?

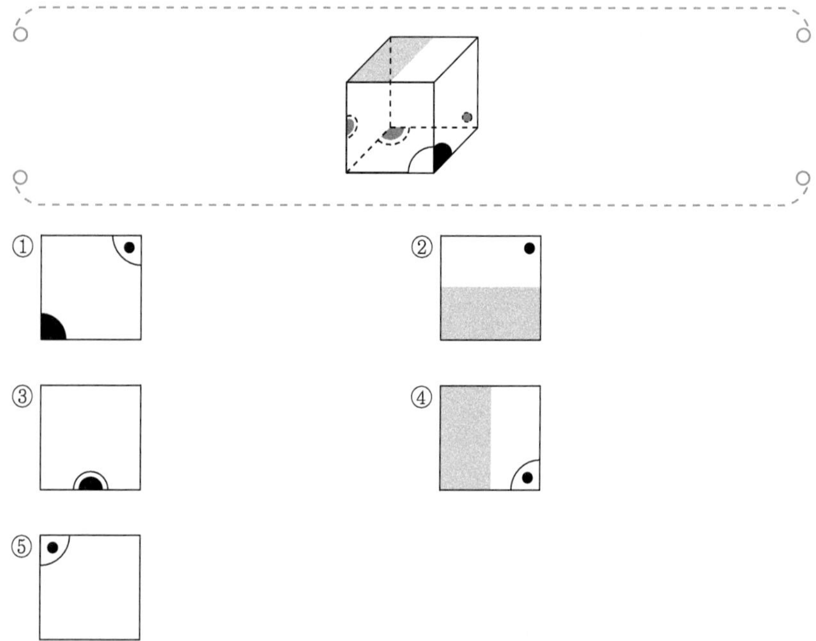

정답해설

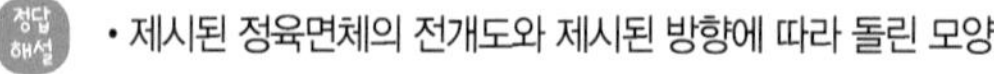

• 제시된 정육면체의 전개도와 제시된 방향에 따라 돌린 모양

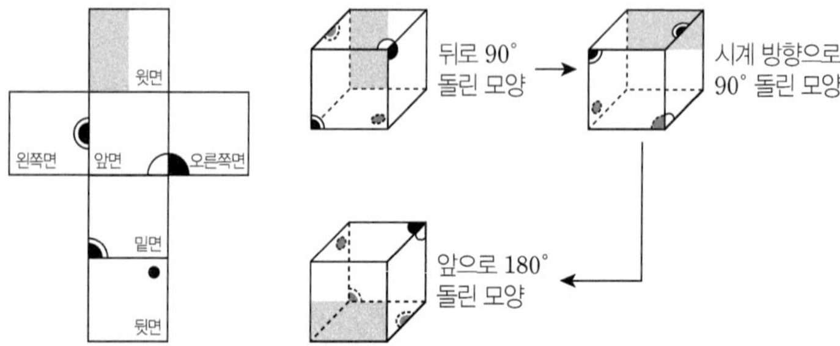

이 문제 중요!

02 뒤로 180°, 반시계 방향으로 90°, 앞으로 180° 순서대로 돌렸을 때 왼쪽에서 본 모양은?

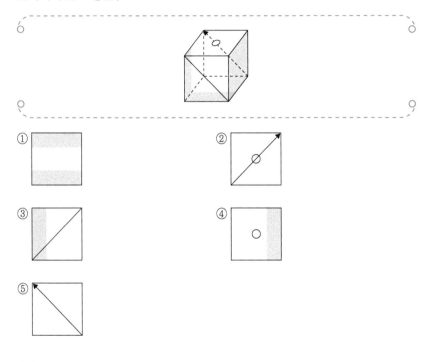

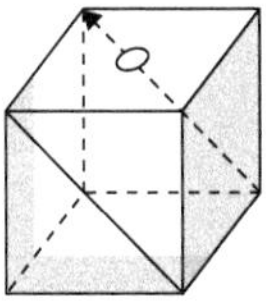

①

②

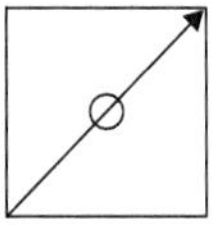

③

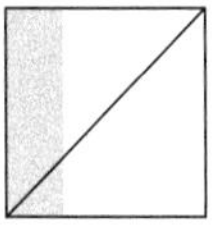

④

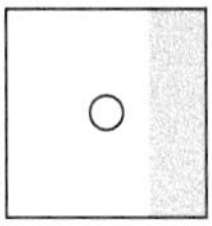

⑤

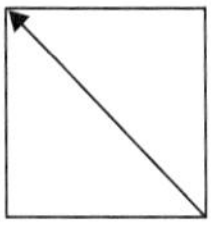

1DAY 2DAY 3DAY

• 제시된 정육면체의 전개도

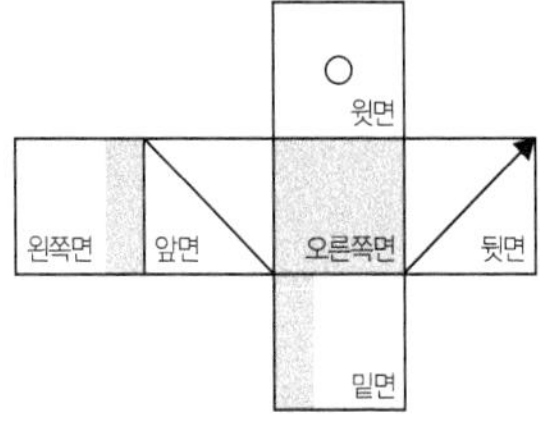

• 제시된 정육면체를 지시한 방향에 따라 돌린 모양

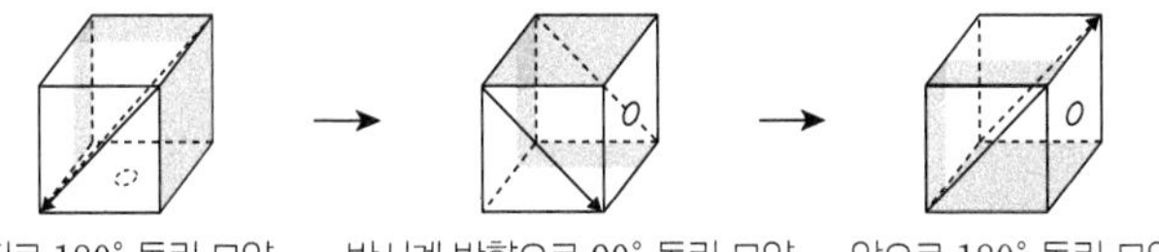

뒤로 180° 돌린 모양 반시계 방향으로 90° 돌린 모양 앞으로 180° 돌린 모양

[03~05] 다음과 같이 물이 반쯤 들어 있는 도형을 지시한 방향으로 돌렸을 경우, 전개도로 옳은 것을 고르시오.

총 문항 수 : 3문항 | 총 문제풀이 시간 : 2분 | 문항당 문제풀이 시간 : 40초

03 다음 정육면체를 뒤쪽으로 90° 돌렸을 경우의 전개도는?

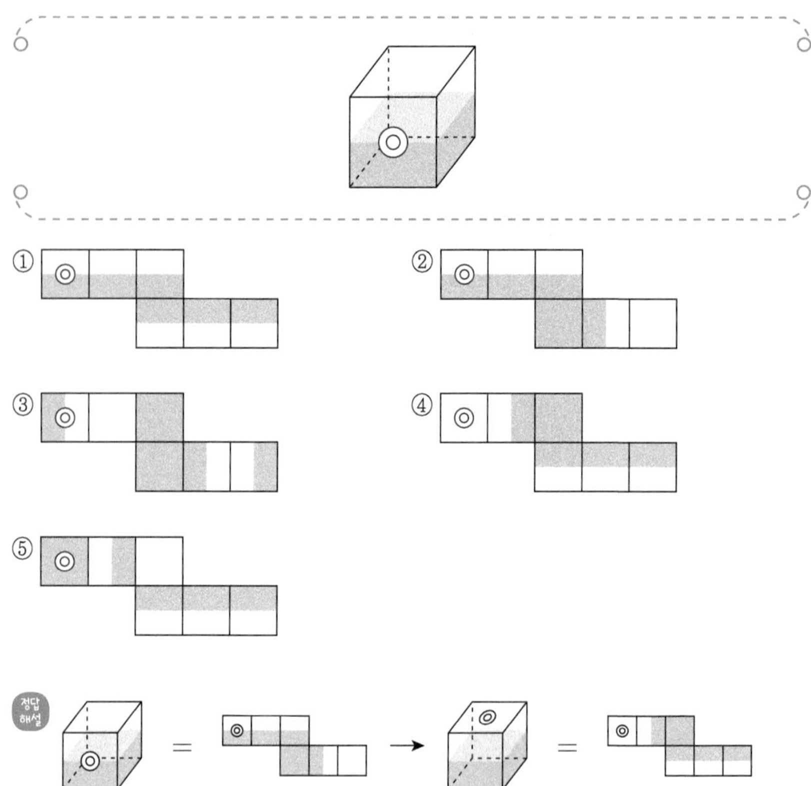

정답 해설

04 다음 정육면체를 앞쪽으로 45° 돌렸을 경우의 전개도는?

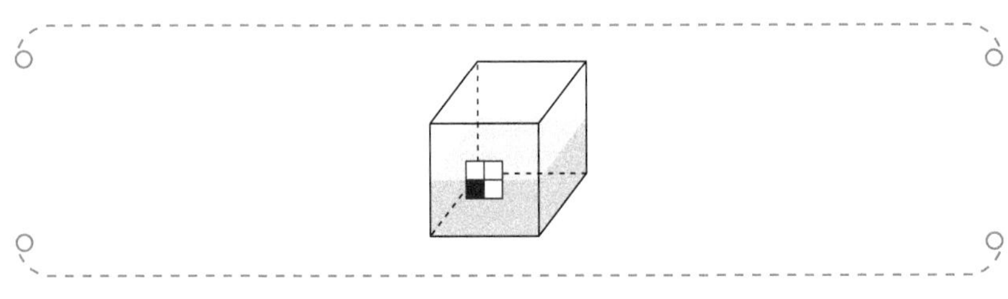

①
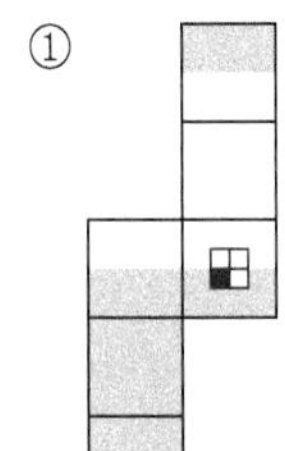

②
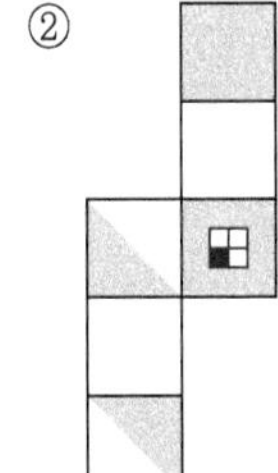

③
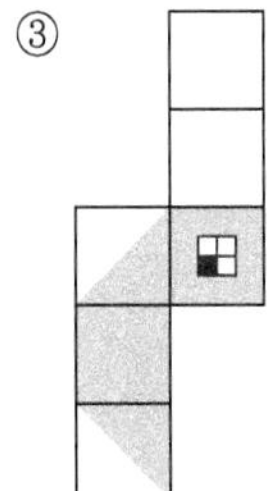

④
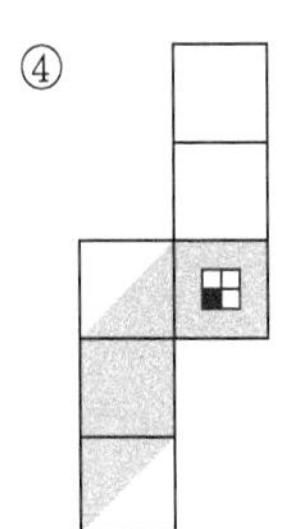

⑤
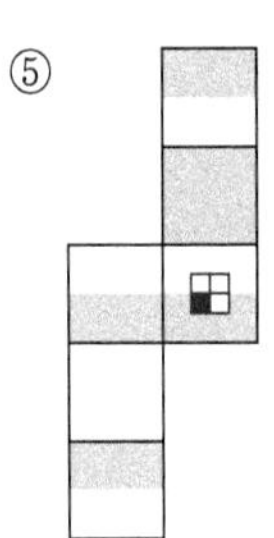

정답
해설

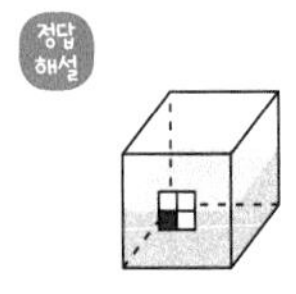
=
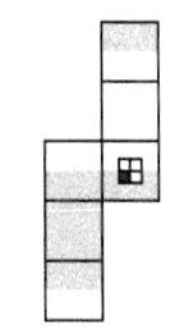
→
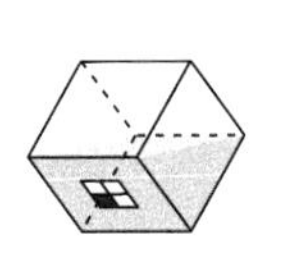
=

05 다음 정육면체를 앞쪽으로 $45°$ 돌렸을 경우의 전개도는?

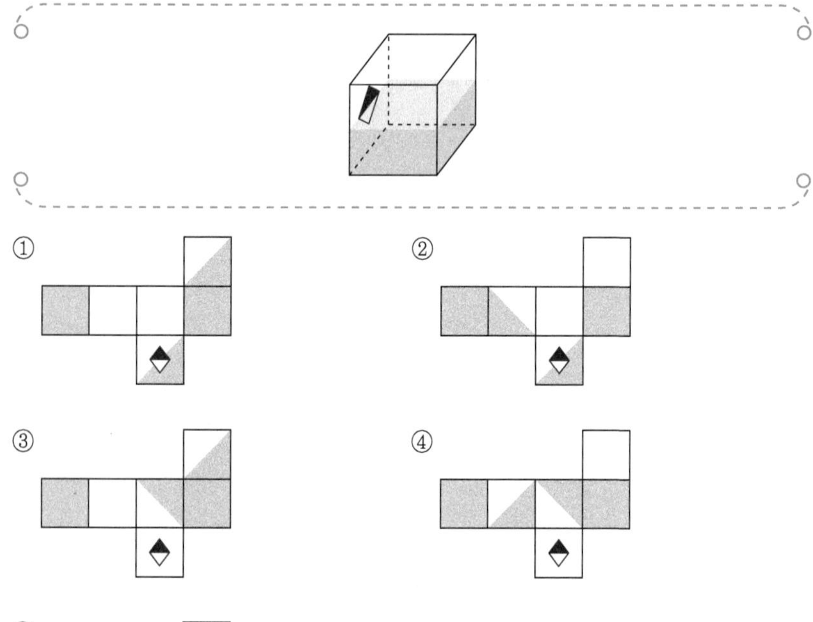

⑤

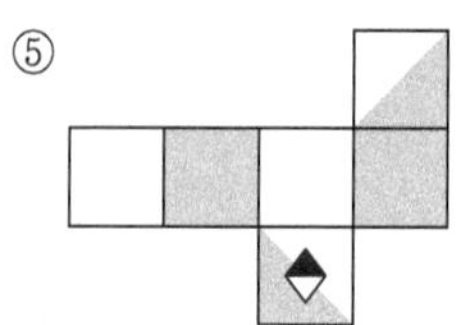

정답 해설

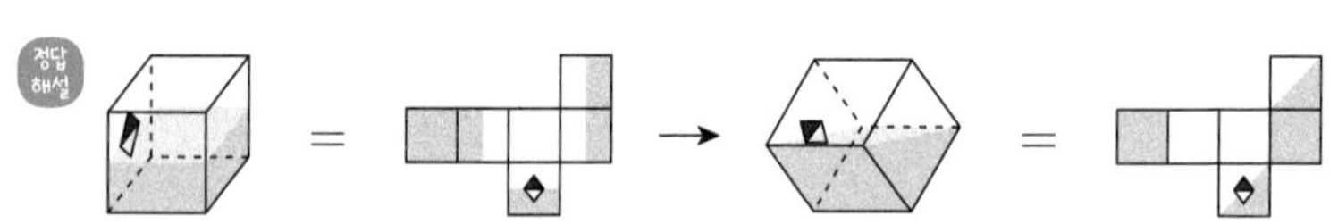

소요시간		채점결과	
목표시간	3분 20초	총 문항수	5문항
실제 소요시간	(　)분 (　)초	맞은 문항 수	(　　)문항
초과시간	(　)분 (　)초	틀린 문항 수	(　　)문항

5. 블록 결합

기출유형분석

문제풀이 시간 : 25초

▶ 다음 두 블록을 합쳤을 때 나올 수 없는 형태를 고르시오. (단, 두 개의 블록은 회전과 뒤집기가 가능하며 보이지 않는 뒷면은 비어있지 않다.)

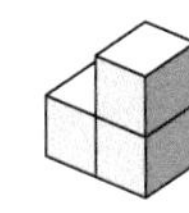 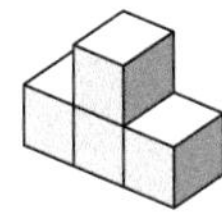

① 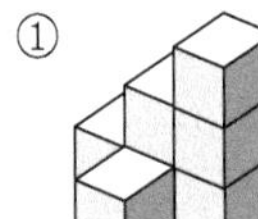

② 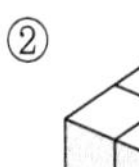

③ 

④ 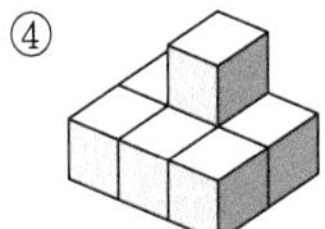

⑤ 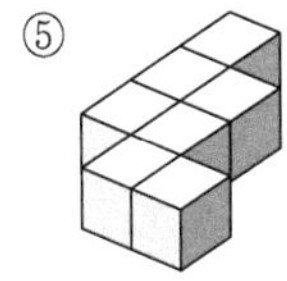

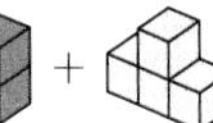

두 블록이 합쳐진 모양은 다음과 같다.

① 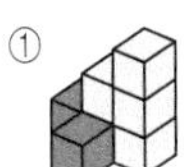 ②  ③  ⑤ 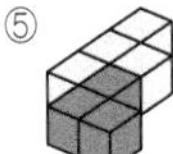

1DAY 2DAY 3DAY

두 개의 블록을 결합하여 만들 수 없는 형태를 고르는 유형의 문제로 제시된 두 개의 블록을 회전시키거나 뒤집어서 결합한 형태가 보기로 제시된다. 뒤에 제시되는 문항일수록 블록의 모양이 복잡해지므로 앞부분에 제시된 문제들을 빠르고 정확하게 풀도록 한다. 또한 제시된 두 블록의 전체 개수와 다른 것은 보기에서 가장 먼저 제외한다.

블록 결합 해결 전략

- 특징을 파악하기 쉬운 단순한 형태의 블록을 기준으로 삼는다.
- 제시된 두 블록의 전체 개수와 다른 것을 발견하면 신속하게 답으로 선택한다.
- 돌출된 부분이나 빈칸을 기준으로 블록의 결합 모양을 유추한다.
- 뒤 문항으로 갈수록 복잡한 모양의 블록이 제시되므로 앞 문항을 놓치지 않도록 한다.

정답 ④

[01~15] 다음 두 블록을 합쳤을 때 나올 수 없는 형태를 고르시오. (단, 두 개의 블록은 회전과 뒤집기가 가능하며 보이지 않는 뒷면은 비어있지 않다.)

총 문항 수 : 15문항 | 총 문제풀이 시간 : 6분 15초 | 문항당 문제풀이 시간 : 25초

이 문제 중요!

01

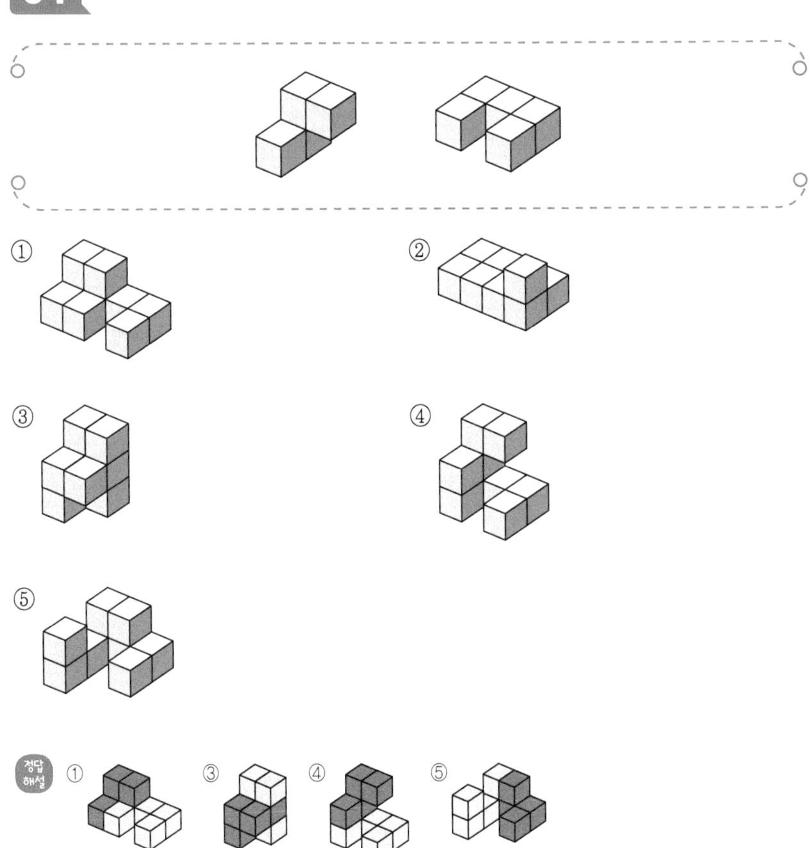

02

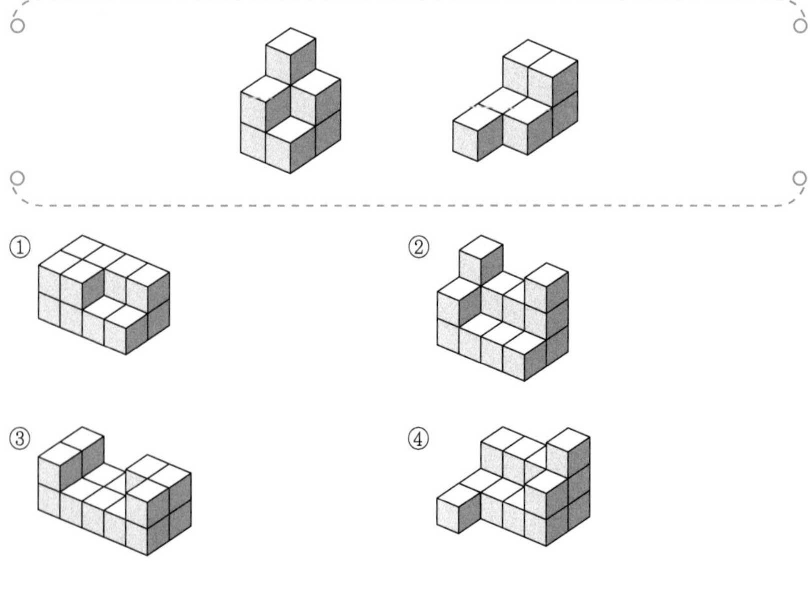

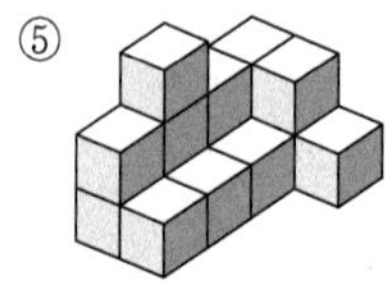

정답 해설 ① 다른 블록들의 수(15개)와 달리 전체 블록의 개수가 14개이므로 쉽게 답을 찾을 수 있다.

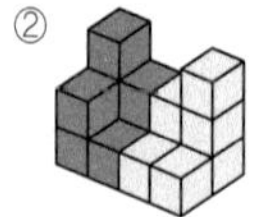

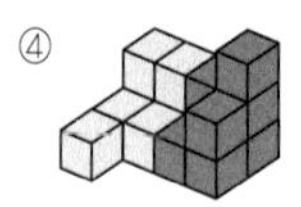
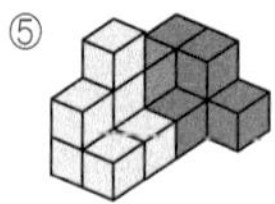

이 문제 중요!

03

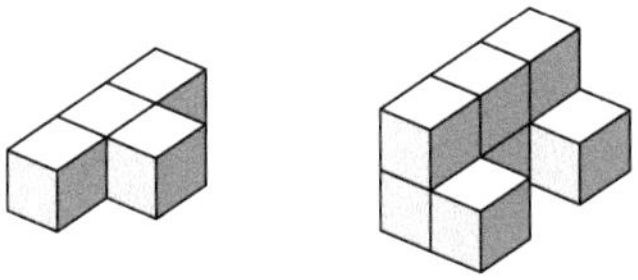

①

②

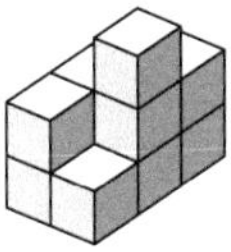

③

④

⑤

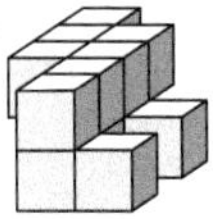

①  ② 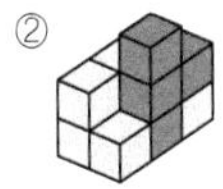 ④ 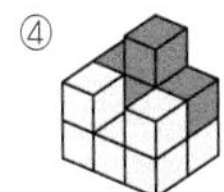 ⑤ 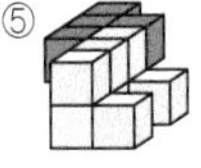

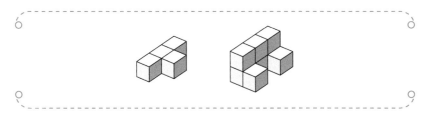

04

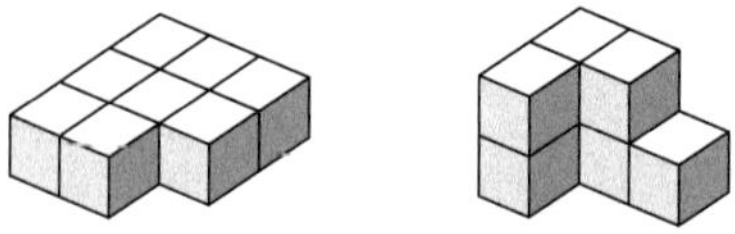

①

②

③

④

⑤

정답 해설 ① ②  ④  ⑤

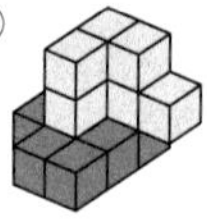

05

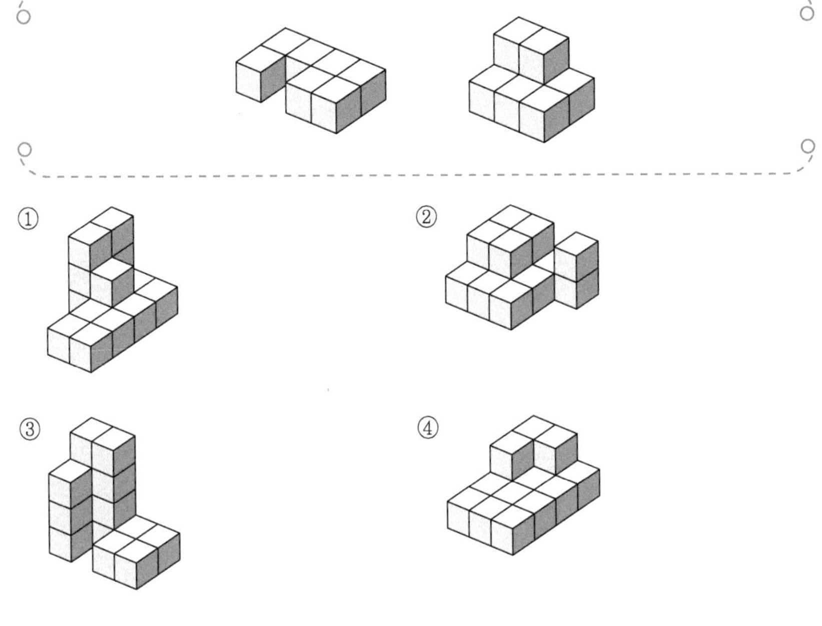

⑤

① 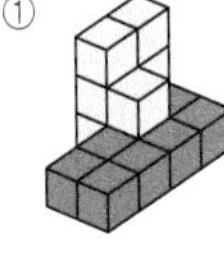

② 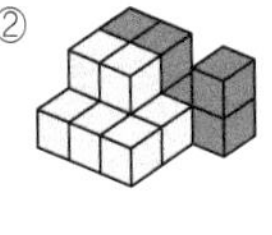

③ 

⑤ 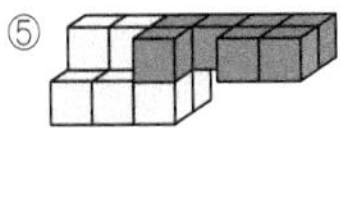

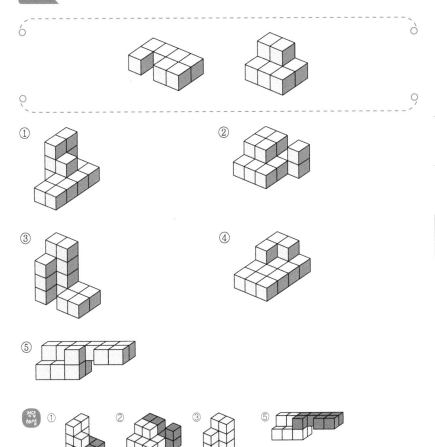

06

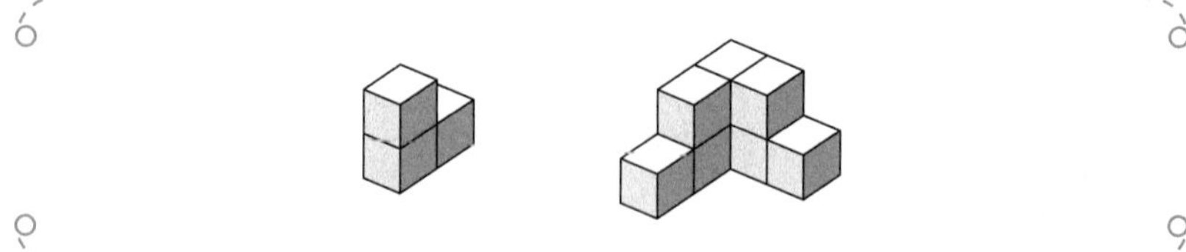

① 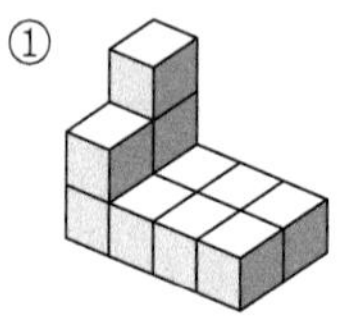

② 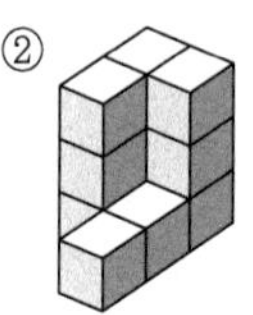

③ 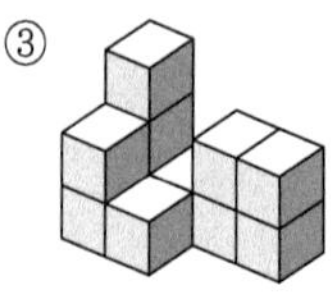

④ 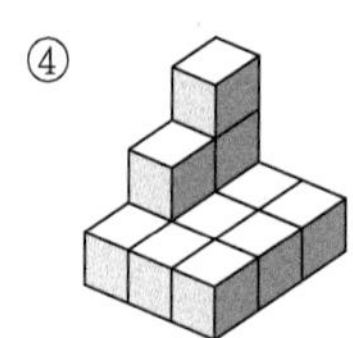

⑤ 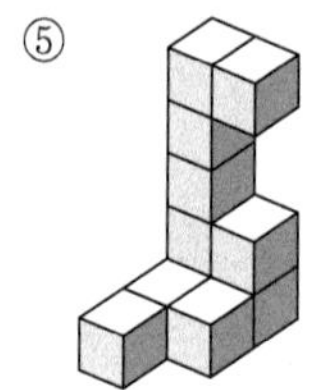

정답 해설

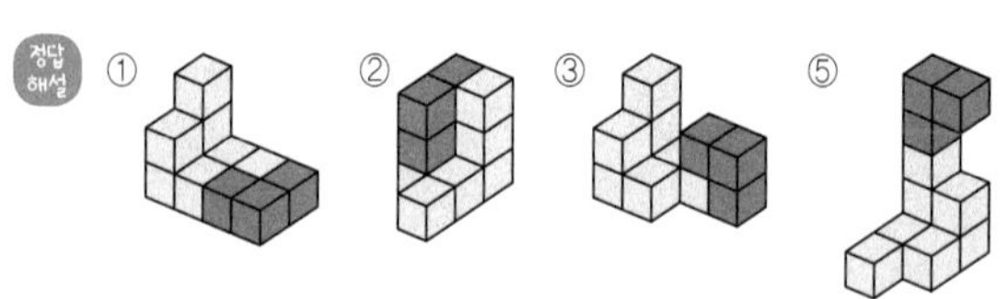

07

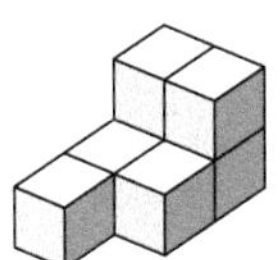

①

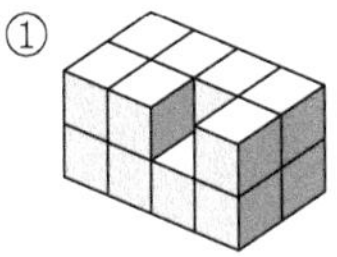

②

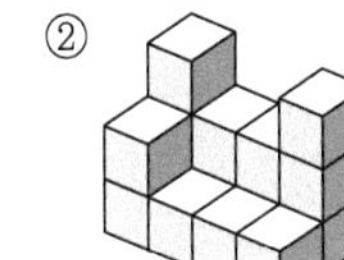

③

④

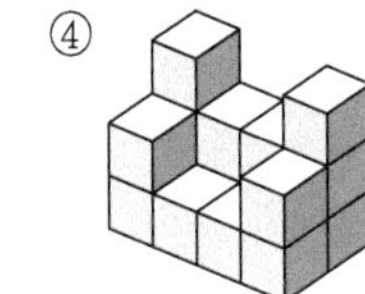

⑤

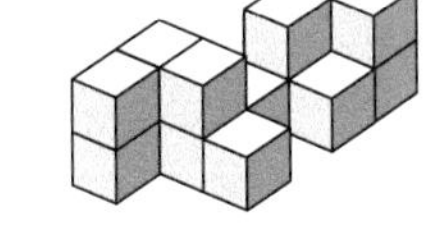

정답 해설

④ 다른 블록들의 수(15개)와 달리 전체 블록의 개수가 16개이다.

①

②

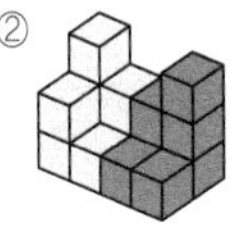

③

⑤

08

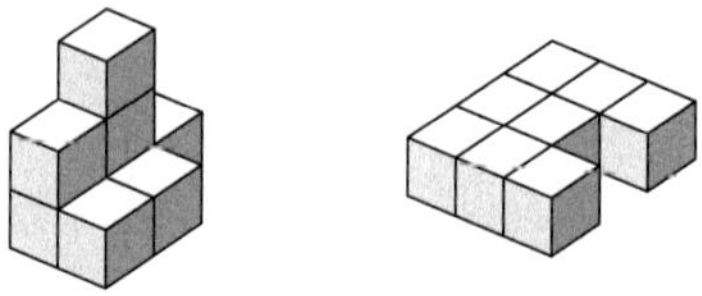

①

②

③

④

⑤

정답 해설 ① ②  ④  ⑤

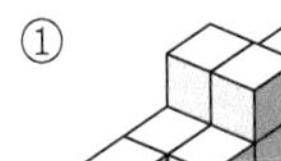

09

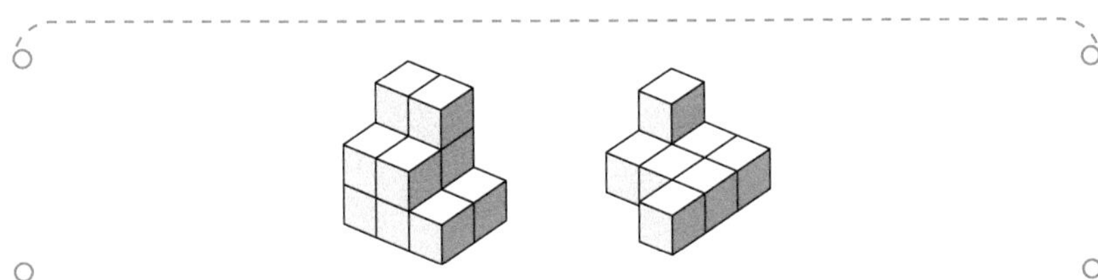

① 

② 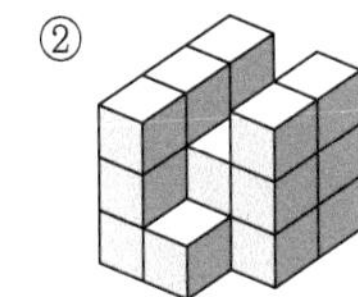

③ 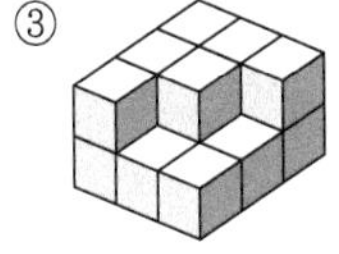

④ 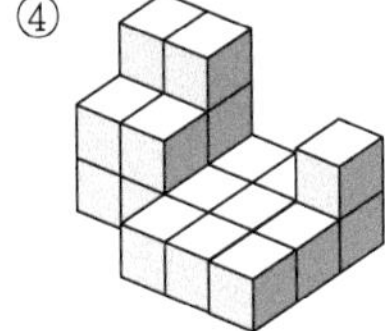

⑤ 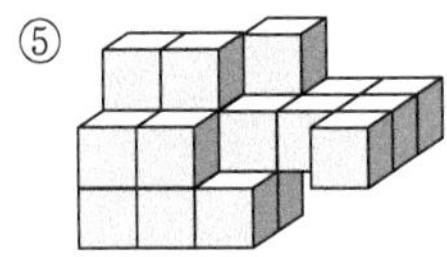

③ 다른 블록들의 수(20개)와 달리 전체 블록의 개수가 15개이다.

① 

② 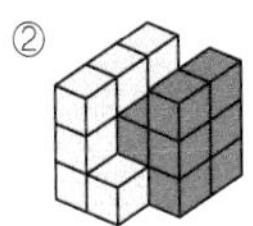

④ 

⑤ 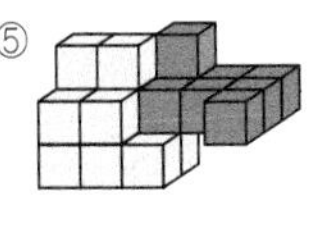

10

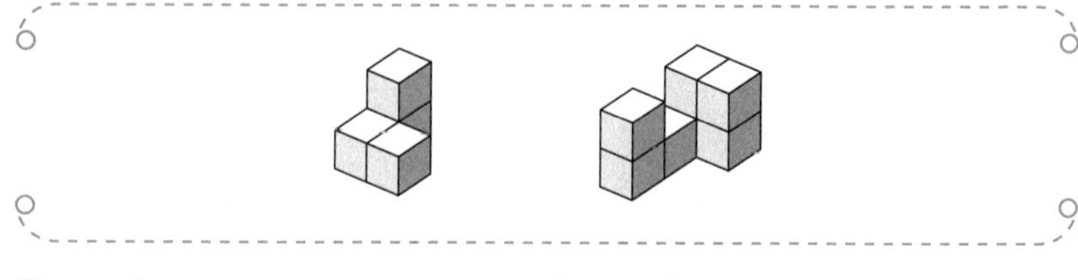

① 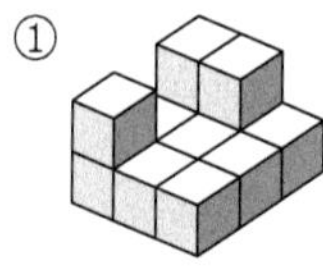

② 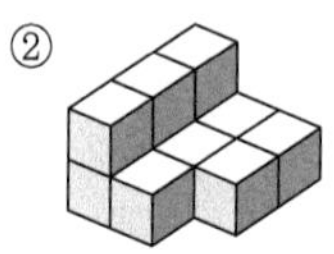

③ 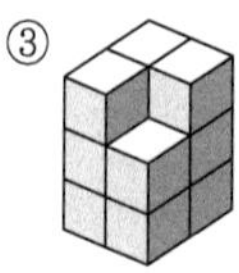

④ 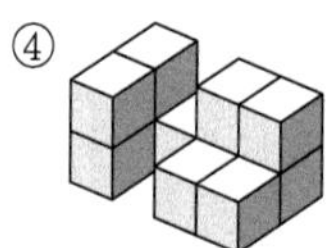

⑤ 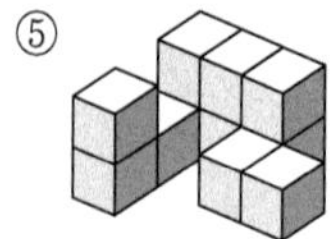

정답
해설 ②  ③ 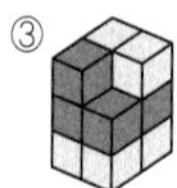 ④ 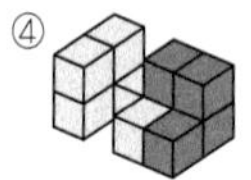 ⑤ 

11

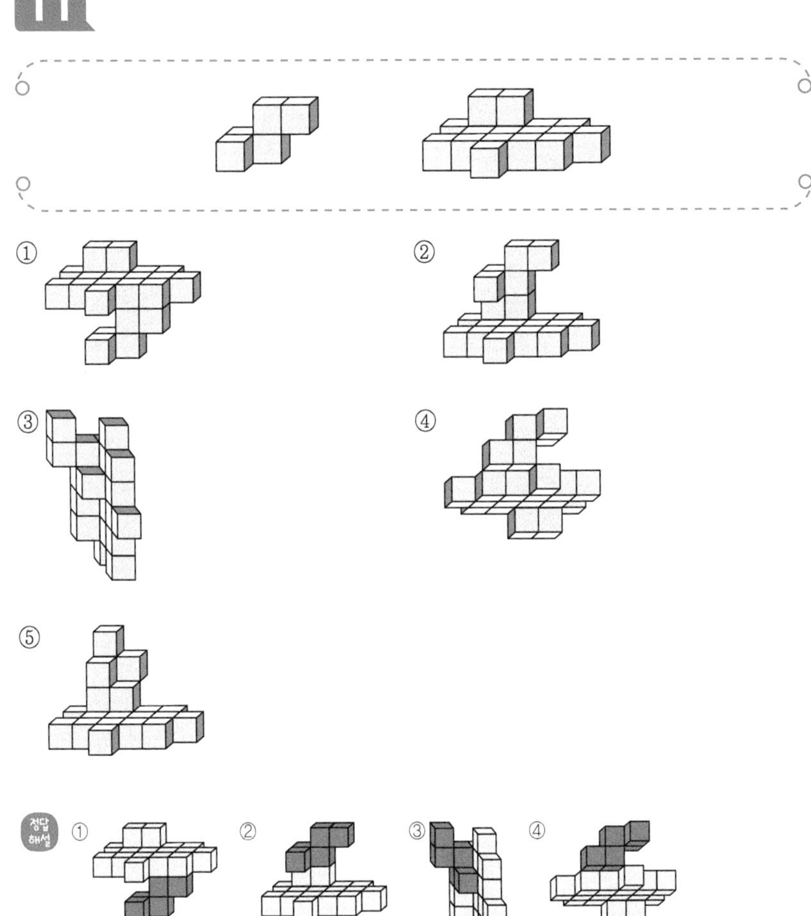

정답 해설 ① ② ③ ④

정답 10 ① | 11 ⑤

12

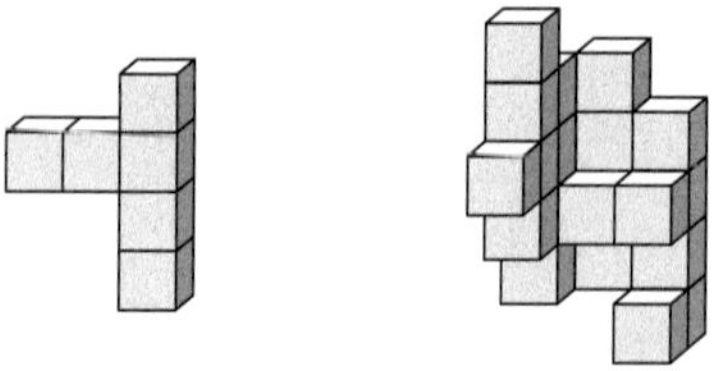

①

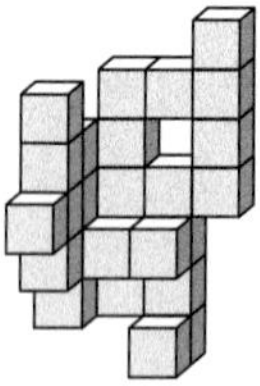

②

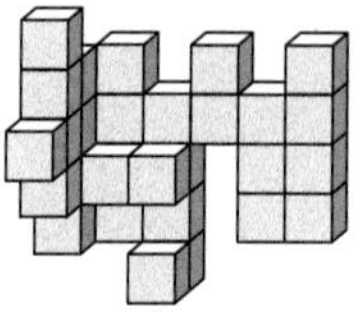

③

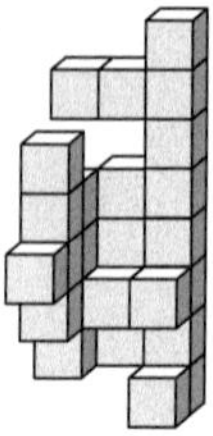

④

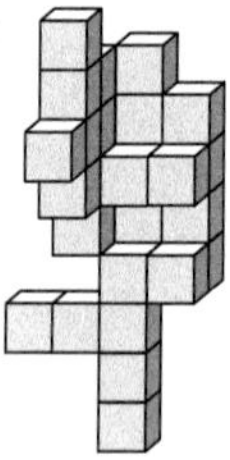

⑤

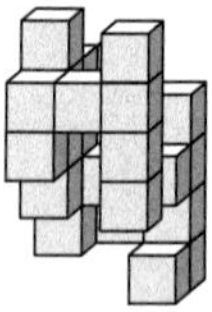

정답 해설 ① ③ 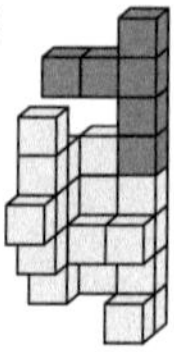 ④  ⑤

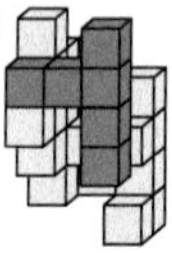

13

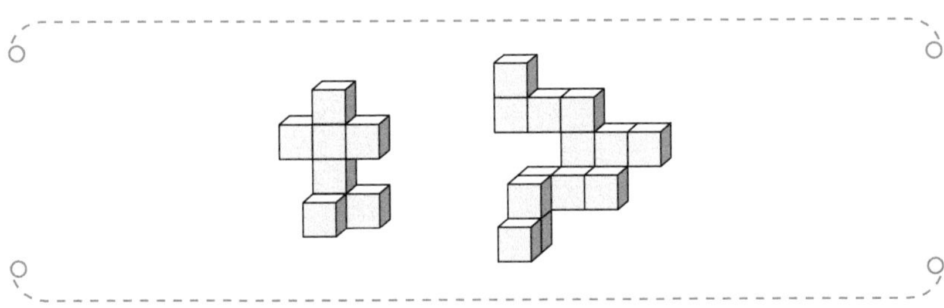

① 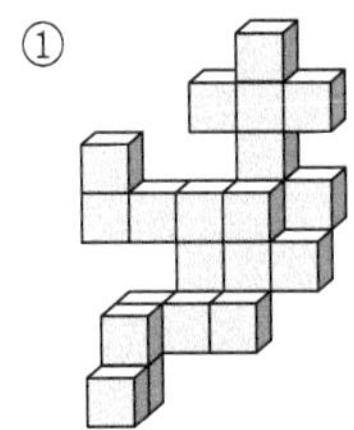

② 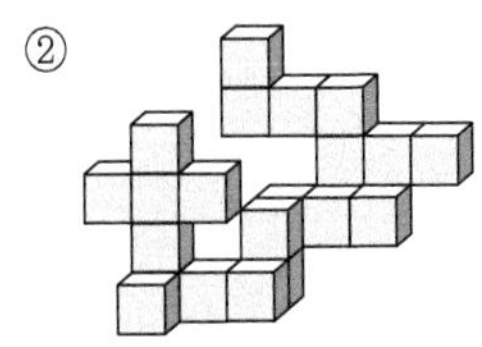

③ 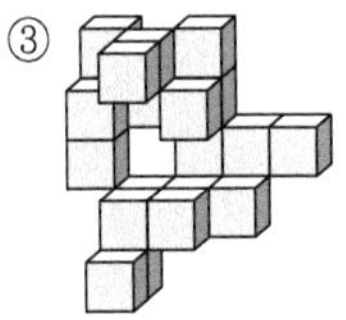

④ 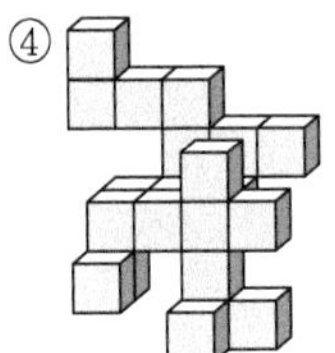

⑤ 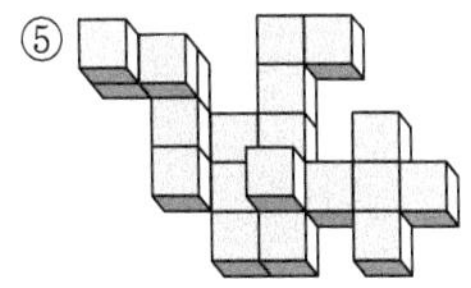

정답 해설

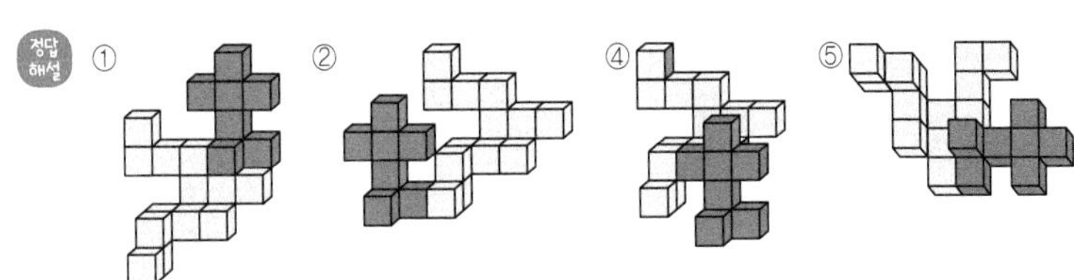

14

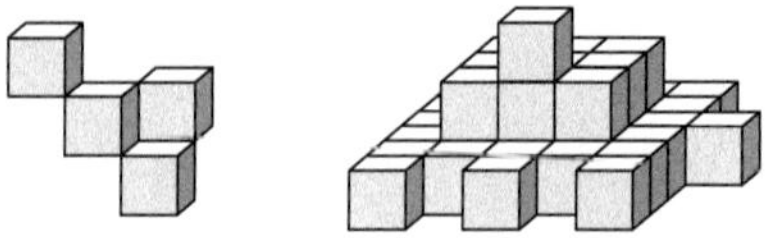

①

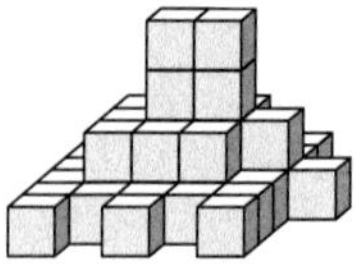

②

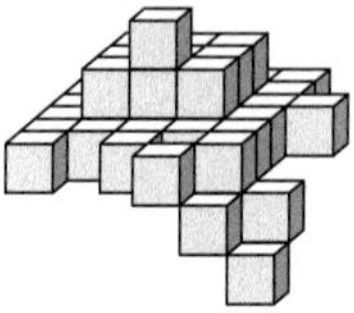

③

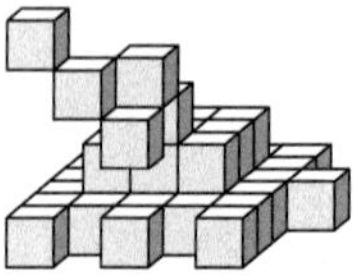

④

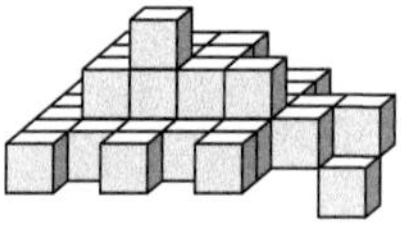

⑤

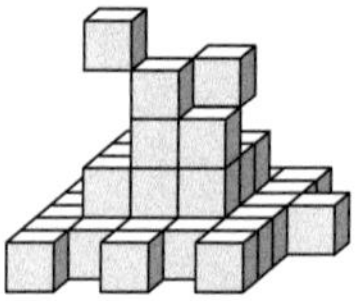

정답 해설 ② 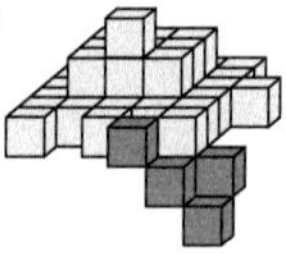 ③ 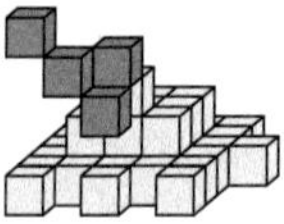 ④ 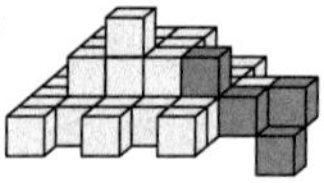 ⑤

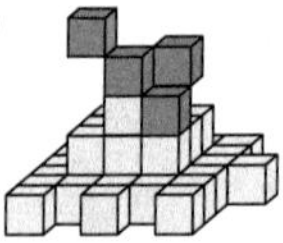

15

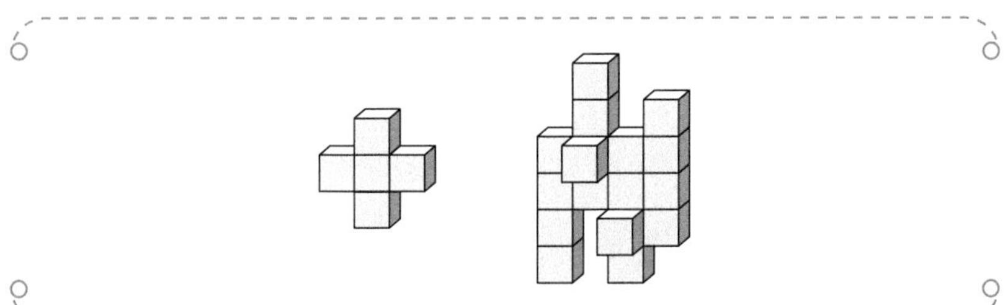

①
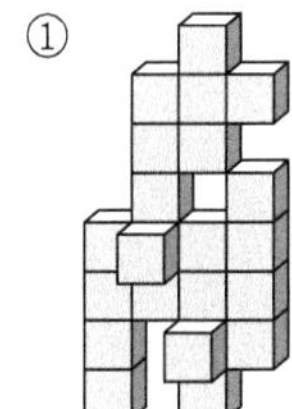

②
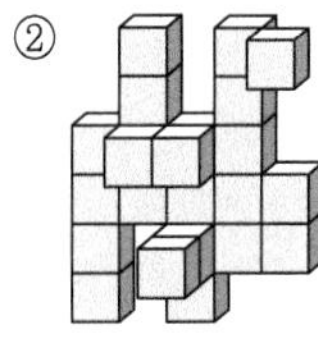

③
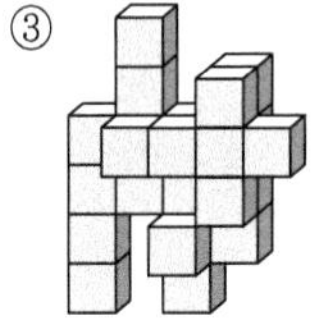

④
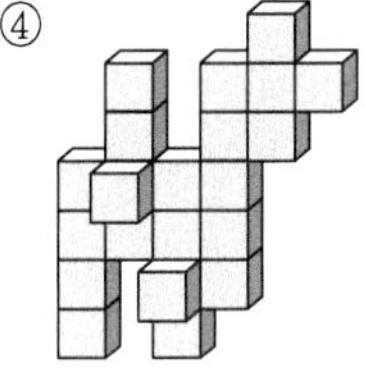

⑤
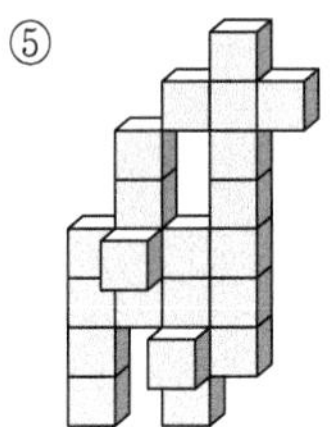

정답 14 ① | 15 ②

정답 해설

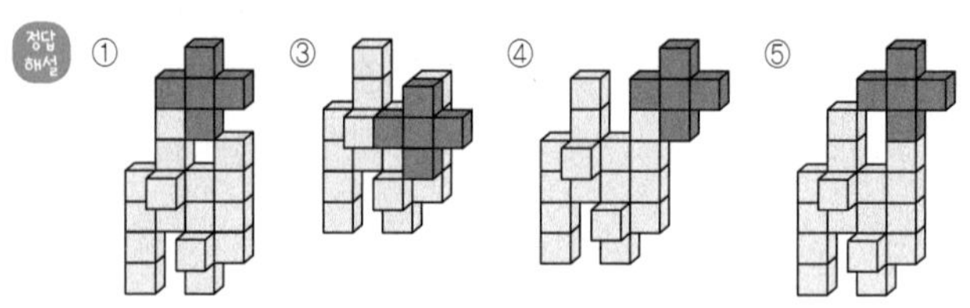

소요시간		채점결과	
목표시간	6분 15초	총 문항수	15문항
실제 소요시간	(　)분 (　)초	맞은 문항 수	(　　)문항
초과시간	(　)분 (　)초	틀린 문항 수	(　　)문항